Sträter/Burmeister

Soest – ein sagenhafter Ort. Wenn grüner Sandstein reden könnte

Soest – ein sagenhafter Ort

Wenn grüner Sandstein reden könnte

12 Miniaturen

Text: Anne Sträter · Fotos: Fritz Burmeister

Dorothee Merseburger-Zahrnt
ISBN 3-9801573-0-X

Gesamtherstellung:
Griebsch & Rochol Druck GmbH, Hamm
2. ergänzte Auflage 1997

Vorwort

Dieses Buch ist kein Stadtführer von Soest, aber es ist aus vielen Stadtführungen erwachsen.
Als „gelernte“ Soesterin lebe ich seit vielen Jahren hier. Dabei hatte ich den Wunsch, mehr über den Heimatort meiner Wahl zu erfahren. Und so bin ich Stadtführerin geworden und zeige Fremden die Stadt, wie ich sie sehe und erlebe.
Aus dieser Erfahrung ist das Buch entstanden: Soester Miniaturen, eingeteilt in zwölf Kapitel, deren jedes für sich gelesen werden kann. Es sind kleine Mosaikstücke, in denen sich ab und an auch einiges überschneidet, wie es bei einer Stadtführung eben vorkommt. Zusammen mit den Fotos ergeben sie mein Bild von Soest. Es ist nicht vollständig, auch nicht immer rund und schön, es hat Ecken und Kanten, aber ist hoffentlich so lebendig wie die Stadt selbst.

Anne Sträter

Vorwort zur zweiten Auflage

Viel Wasser ist in zehn Jahren den erst verrohrten, dann wieder freigelegten Soestbach hinabgeflossen. Sagenhaft ist der Ort in seiner lebendigen Geschichte für mich geblieben.
Bei Stadtführungen werde ich gefragt, ob ich den grünen Sandstein denn habe richtig reden lassen? Er äußert sich nicht zum Tagesgeschehen – er setzt Moos an.
Das Buch dagegen scheint keins angesetzt zu haben. Die Nachfrage macht eine zweite Auflage nötig.

Anne Sträter

Inhalt

B 229

Es ist leicht, Soest zu umfahren, aber schwer, es links liegen zu lassen. Von weitem schon sieht man die Stadt; kleine, ruhige Dörfer umgeben sie wie ein schützender bunter Kranz. Stille, schmale Straßen flechten sich wie graues, loses Netzwerk durch schweres Ackerland und sanft gewellte Felder. Alle Umwege führen nach Soest.

Beschützt von mächtigen Mauern und Bäumen mit breiten Kronen, behütet von hohen Türmen alter Kirchen, bewacht durch ein wuchtiges Stadttor, liegt die Stadt satt und behäbig mitten im flachen Land, tief verwachsen in einer fruchtbaren Ebene, wie ein vom Himmel gefallenes, mit der Erde fest verwurzeltes Nest. Aus reichem Boden lebt die Stadt, in sich ruhend wie ein friedlich schlagendes, beständiges Herz.

Soest ist eine Liebe auf den ersten Blick. Die Stadt gefällt in ihrem spröden Liebreiz, mit ihrem versteckten Reichtum, ihrer verborgenen Schönheit.

Die grüne Stadt am Teich, gewohnt, sich der Eroberung durch fremde Augen siegreich zu entziehen, öffnet sich nur den liebevollen Blicken und schenkt großmütig dann die Wahl: Man kommt nur einmal in seinem Leben nach Soest und dann nie wieder – oder kehrt stets von neuem zurück, bezwungen von einer Liebe auf den letzten Blick.

*„O wolde Got,
dat allewege to Soist
so gehorsame und eindrechtige
Borgers weren!“*

Bartholomeus von der Lake

Stadtschreiber während der Soester Fehde
in seinem Kriegstagebuch

Wie kam das Salz in den Großen Teich?

Die ersten Soester saßen an der Quelle

Mit Glück, List oder Tücke kann man am Großen Teich einen Parkplatz finden. Wer zu Fuß unterwegs ist, kommt unumgänglich an ihm vorbei, entweder aus einer Kirche oder unterwegs zur nächsten Besichtigung eines der sieben Soester Gotteshäuser, zwei kleine Kapellen nicht eingerechnet. Am Rande des Großen Teiches liegt ein großzügig bepflanzter, ehemals privater Stadtgarten. Er ist heute als öffentliche Parkanlage ausgewiesen, benannt nach dem ersten Bundespräsidenten, der es als eine nationale Aufgabe ansah, der im Zweiten Weltkrieg schwer zerstörten Stadt großzügig beim Wiederaufbau zu helfen. Das alte Gartenhaus ist noch zu sehen, und gegenüber dem städtischen Kunstpavillon liegt – beschaulich angelegt wie ein dörflicher Weiher – der Große Teich.

Ihn als klein zu bezeichnen, wäre für den Soester eine Kränkung und auch nur in Unkenntnis der Tatsache möglich, daß die Stadt Soest ihre große, eindrucksvolle Vergangenheit diesem kleinen, stillen, gar nicht tiefen Wasser verdankt. Soest als kleine Stadt am Großen Teich zu bezeichnen, ist dagegen berechtigt. Gemessen an der Einwohnerzahl ist Soest eine „mittlere Stadt“, zu deren gut 50 000 Bewohnern auch achtzehn Dorfgemeinden gehören. In seinen besten Tagen im späten Mittelalter war es einmal die bedeutendste Stadt Westfalens, fast eine Weltstadt zu nennen. Erasmus von Rotterdam hat Soest „als eine Stadt ziemlich so groß wie Straßburg“ beschrieben.

An Schimpf und Spott haben sich die Soester in ihrer langen, ehrwürdigen Vergangenheit gewöhnt. Ein verkommenes Kuhdorf wurde Soest genannt, als verarmte Garnisonsstadt am Ende der Welt verachtet, als ödes westfälisches Provinznest unter preußischer Verwaltung bedauert.

Nur die Maler und Dichter schwärmten von Soest als einem „herrlichen Nest“. Mancher versteht darunter eher eine verschlafene Idylle.

Vieles mag man der Stadt nachsagen, aber ebensowenig, wie man bei einem Gang durch Soest einen Blick auf den Großen Teich aussparen kann, kommt man an seiner stolzen, ehrenreichen Vergangenheit vorbei. Steinerne Erinnerungen kann man mit der Hand berühren; man darf auch den Finger ins Wasser tauchen, von der kleinen Treppe aus, wo dicht daneben die Quellen sprudeln. Sie gaben den Anlaß zur Entstehung der Stadt Soest – seit jeher als „volkreicher Flecken“ bezeichnet und in frühen Tagen bereits von so vielen Menschen bewohnt, daß sie ihren Wohnort selbst als eine Stadt bezeichneten und dankend auf das kaiserliche Privileg verzichteten, für reichsunmittelbar erklärt zu werden. Begünstigungen durch ihren kurkölnischen Landesherrn, auch großzügige Schenkungen der Kölner Erzbischöfe wurden als selbstverständlich hingenommen.

Für Ordnung sorgte im bunten Stadtgefüge ein von den Soestern selbst erkorenes und geprüftes Recht, so ausführlich und umfassend

aufgeschrieben, daß es mit Mühe auf jene Kuhhaut ging, auf der man es zum ersten Mal verzeichnet hat.

Die allerersten „Touristen“, die hungrig und durstig nach Soest kamen, steckten ohne Aufforderung den Finger in den Großen Teich, schöpften sich Wasser mit der hohlen Hand und stellten mit Verwunderung fest, daß es salzig schmeckte. Die Frage: Wie kam das Salz in den großen Teich? hat sie vermutlich nicht beschäftigt, hätte auch nur zu müßigem Kopfzerbrechen geführt, denn in der Eiszeit gab es noch keine Geschichtsschreibung. Damals nämlich hatten sich im nördlichen Münsterland und in der Soester Umgebung in einem Flachmeer große Salzschichten abgelagert, die später die Grundlage für Salzwasserquellen bildeten. Bis heute preisen zahlreiche Solebäder in der Nähe von Soest den Born ihrer Heilkraft, das Salz aus der Erde.

Die ersten Soester nutzten das Salz auf andere Art. An der Stelle, wo heute ein Kaufhaus steht, ließen sie sich nieder, formten Tonkrüge, legten Feuerstellen und kleine Öfen an, in denen sie das Salzwasser zum Sieden brachten. Bei der Errichtung jenes Baues hat man eine regelrechte Produktionsstätte der ersten Salzsieder ausgegraben. Die Fundstücke verraten handwerklichen Fleiß und Geschicklichkeit, lassen auch die Deutung zu, daß sich bereits damals ein bis heute ausgeprägter gesunder Erwerbssinn in den Soestern regte, denn sie begannen auf der Stelle, einen schwunghaften Handel mit dem sogenannten weißen Gold zu treiben.

So erwies sich der Große Teich als ein merkantiler Gesundbrunnen für die Entwicklung der schnell wachsenden, blühenden Stadt. Heute ist er ein vertrautes Gewässer für Enten und Schwäne, sicherer Rastplatz für Zugvögel, der – obwohl inzwischen ziemlich „ausgesüßt" – auch im tiefsten Winter nicht zufriert. Ein „echt" Soester Kind fällt bei der Fütterung der Wassertiere wenigstens einmal in die trüben süß-salzigen Fluten, fragt sich dabei, wohin die merkwürdige gelbe Treppe am Ufer wohl führt. Sicher nicht in ein Schlafzimmer im ersten Stock des unschönen Sichtbetonbaus, bei dessen Anblick sich heute alle darüber einig sind, daß er nur stört. Aber wie es aussieht, werden auch heute noch in Soest nicht nur die Kirchen, sondern auch die Häuser für die Ewigkeit gebaut, und nur in gottverlassenen Tagen und in äußerster materieller Bedrängnis – darunter fällt auch die Not der Autofahrer, in der Innenstadt einen Parkplatz zu finden – werden sie abgerissen.

Die heutige Wippe, ein gelbgestrichenes Gebilde, ist eine falsche Imitation der für mittelalterliche Zeiten modernen Form eines Prangers. Zur Belustigung der neugierig gaffenden Zuschauer wurden damals Strauchdiebe, Lügner, Betrüger und Ehebrecher von der obersten Stufe in den Teich gewippt und hinterher naß und mit Algen bekränzt an langen Stangen wieder herausgefischt; mit triefenden Kleidern verschwanden sie in der spottenden Menge.

Dem Großen Teich – ein beschaulicher, von mächtigen alten Bäumen beschatteter Platz für Müßiggänger – verdankt die Stadt Soest vermutlich ihren Namen. Im Laufe ihrer langen Stadtgeschichte gab es mindestens ein Dutzend verschiedene Schreibweisen und ebenso viele, teils amüsante, teils weit hergeholte Erklärungen für den Namen. Unrichtig ist sicher, daß man den Stoßseufzer eines Baumeisters nach Vollendung seines Werkes: „So ist es!" in den Stadtnamen ummünzte. Fraglich ist auch, ob Soest die Bezeichnung für einen in alt-sächsischer Mundart gesprochenen Sau-Sitz gewesen ist, zur Erinnerung an die Wildschweine, die sich unter alten Eichen und Buchen im sumpfigen Soester Grund wälzten. Hält man sich an die Bodenbeschaffenheit, wäre auch die Deutung „Sumpf-Sitz" möglich, und auch „Siedesitz" klingt plausibel.

An das Geländer des Großen Teiches gelehnt, leuchtet einem am ehesten diese Deutung ein: Die ersten Soester waren die Sod-saten, die an der Quelle saßen.

Freundlich gesonnene Archäologen würden gern den hieb- und stichfesten Beweis erbringen, daß sie bereits im 6. Jahrhundert nach Christus, wahrscheinlich aber schon wesentlich früher dort saßen. Nicht sicher zu belegen ist die Kunde, daß ein Frankenkönig dem Kölner Erzbischof die Höfe von Soest geschenkt habe – zu einer Zeit, als die Soester Gegend, Teil der Hellwegebene, zum merowingisch-fränkischen Reich gehörte. Kritischen Geschichtsschreibern gilt dies als „Dagobertsche Fälschung". Wenn auch nicht nachweisbar, so ist doch zu vermuten, daß dieser König Dagobert in seinem Reich die große, alte Heerstraße, auf der schon römische Legionäre in „hellen Scharen" entlanggezogen waren, zum alten Hellweg ausgebaut hat – heute als Bundesstraße Nummer 1 immer noch die erste Schnellstraße im Lande.

Lange bevor die Soester Teichwippe auch als Himmelsleiter für Wasserenten dienen konnte, kamen über die Lippe sächsische Völkerstämme gezogen. Sie übernahmen fränkische Sitten und Gebräuche, nach zähem und gewaltsamen Zureden auch den christlichen Glauben. Als im Jahre 836 die Gebeine des heiligen Vitus von Corbie in das Kloster Corvey an der Weser überführt wurden, versammelte sich in der „villa Sosat“ einträchtig und fromm bereits eine große Schar andächtiger Christen, um den ersten Reliquien zu huldigen, die vor ihren Augen vorbeigetragen wurden.

Schon hundert Jahre später taucht „Susato“ in lateinischen Chroniken auf. Zu jener Zeit wuchs Soest rund um den Großen Teich unaufhaltsam zum Mittelpunkt des Westfalenlandes heran – ehrenreicher Wohnsitz weitblickender Handlungsreisender und glaubensstarker, mündiger Bürger.

Die Quellen im Großen Teich sind bis heute nicht versiegt, aber nur zögernd kommt manchmal das freudige „Ja“ von den Lippen des Soesters, der auswärts gefragt wird, ob seine Heimatstadt denn wirklich die „heimliche Hauptstadt“ Westfalens sei. Krank vor Heimweh, hat er es schon mal erleben müssen, daß neugierige Fremde, angelockt durch seine leuchtenden Schilderungen, ihm nach der Besichtigung von Soest drastisch, wenn auch sicher mißgünstig, zu verstehen gaben, in Wirklichkeit handle es sich dabei um ein kleines Kaff. Diese Einschätzung kann aber keiner bestätigen, der einen letzten Blick über den Großen Teich geworfen hat. Unter prägnanten Kirchturmspitzen behaupten sich zwischen zweckmäßig phantasielosen Neubauten immer wieder romantische alte Fachwerkhäuser an ihrem Platz. So gesehen ist die kleine Stadt Soest rund um ihren Großen Teich immer noch wunderschön.

Am Rathaus

Das Soester Stadtwappen – Die Schlüssel zum Paradies

Gegenüber von St. Petri, einer der zwölf Urpfarrkirchen zwischen Rhein und Weser, steht ein – gemessen an der alten Soester Bautradition – moderner Barockbau aus dem Jahre 1713, der damalige Neubau des Rathauses. Sein Grundstein trägt die Inschrift: „O Herr hilff! O Herr, laß alles woll gelingen." Grund für dieses Gebet gab es damals genug.

Nach jahrzehntelangen Verheerungen während des Dreißigjährigen Krieges durch plündernde Soldaten, Feuersbrünste, Hungersnöte und Seuchen hatte sich die Stadt soweit erholt, daß sie aus der Erinnerung an ihre ehrenreiche Vergangenheit neuen Mut und Daseinsfreude schöpfte. Wo vorher das alte Rathaus gestanden hatte, das der Soester Kaufmannsgilde auch als Amts- und Versammlungshaus diente, bauten sich die Soester ein neues und größeres Stadthaus.

Ratsherren, vornehme Patrizier, reiche Bürger, Handwerker und Kaufleute trugen zu seiner Finanzierung bei, teilweise auch mit Hilfe gespendeter Naturalien. Bäckermeister Haverland, bereits damals berühmt für seinen Pumpernickel, wird in den Berechnungsunterlagen für eine Lieferung Zwieback an die Bauleute namentlich erwähnt. Aus den alten Stadtrechnungen geht auch hervor, daß im

Jahre 1715 der Steinhauermeister Pfefferkorn die Stuckarbeiten an der Frontseite gefertigt hat, in die aus Rüthener Sandstein das Standbild des Stadtpatrons Patroklus eingefügt wurde. In dieser Darstellung ähnelt er nicht gerade einem Heiligen, eher dem kleinen Bruder eines barocken Kurfürsten. Unter dem schmucken Edelmann über dem großen Mittelbogen des Rathauses ist das Stadtwappen eingelassen: Zwei wild blickende Männer halten den sechsfach gezackten Stadtschlüssel, schräg geneigt, wie es damals Mode war. Der rote Schlüssel, der vorschriftsmäßig auf silberfarbigem Hintergrund abgebildet sein müßte, ist nicht etwa ein Symbol des Stadtschlüssels, sondern Petrus, dem ersten Kirchenpatron, entliehen. Das Soester Stadtwappen hat sich aus einem Stadtsiegel entwickelt, das – vom Kölner Stadtsiegel abgesehen – wahrscheinlich das älteste in Deutschland ist.

Dieses große Petrus-Siegel aus dem Jahre 1236 zeigt den Namensgeber der ältesten Soester Kirche, in der einen Hand eine Kirche haltend, in der anderen zwei Schlüssel. Die beiden Schlüssel sind ein Symbol für die Vollmacht, das Himmelreich auf- und zuzuschließen. Die Soester jedoch begnügten sich nur mit einem Schlüssel, der ihnen symbolisch das irdische Paradies ihrer Stadt öffnet und verschließt.

Stadt und Schlüssel werden von Patroklus bewacht. Barhäuptig, mit Schild und Lanze gerüstet, wandelte sich der fromme Märtyrer in der Vorstellung der Soester zu einem Verteidiger und Beschützer des freien Stadtbürgers. Immer mehr nahm er die Gestalt des Rolands an, der mit dem Adlerschwert des Reiches und erhobenem kaiserlichen Richtschwert als Stadtpatron die freiheitliche Ordnung schützt und sie im Notfall auch gegen den eigenen Landesherrn verteidigt.

Allerdings konnte er sich gegen den Wandel politischer Verhältnisse und ihren wechselnden Ausdruck nicht wehren: Eine Weile zierte der preußische Adler sein Wappenschild. Als Ritter ohne Furcht und Tadel verpaßte man ihm einen Helm mit geschlossenem Visier, steckte ihn eine Zeitlang auch in ein wallendes Frauenkleid, in dem er einer Walküre ähnlicher sah als einem Roland.

Alle unbeholfenen, kunstvollen, richtigen oder falschen Darstellungen des Soester Schutz- und Stadtpatrons erinnern an die Überführung der Gebeine des frühchristlichen Märtyrers Patroklus von Köln nach Soest. Um für die Verehrung der kostbaren Reliquie einen angemessenen Raum zu schaffen, wurde eigens eine Stiftskirche gegründet. Der Kölner Erzbischof setzte sich persönlich dafür ein, daß in relativ kurzer Bautätigkeit in unmittelbarer Nähe der Ur-Pfarrkirche St. Petri der ursprünglich einschiffige Kirchenbau errichtet wurde. Man nannte ihn St. Patrokli, und bis heute spricht man vom „Patrokli-Dom", obwohl er nie eine Bischofskirche gewesen ist.

Im Laufe der Jahrhunderte wuchsen die beiden Kirchen durch eigenwillige Um- und Anbauten unaufhaltsam aufeinander zu und lassen heute den Fußgängern gerade genügend Luft und Raum, um aneinander vorbeizugehen, ohne sich zu berühren. Auf dem Weg zum Marktplatz spaziert man zwischen dem gotischen Chor von St. Petri und dem mächtigen, weit ausladenden westfälisch schweren romanischen Westwerk von St. Patrokli hindurch. Dem Soester ist der einzigartige Anblick so vertraut, daß er beim Gang durch die Rathausstraße mehr an die Erledigung seiner täglichen Besorgungen denkt. Fast gleichgültig reagiert er auf den Hinweis, daß es in Deutschland nicht noch einmal zwei so alte Kirchen gibt, die kaum einen Steinwurf voneinander entfernt stehen. Er eilt an Schutzpatron und Stadtwappen vorbei, strebt am sienaroten Rathaus entlang dem Wochenmarkt zu, um dort zu erfahren, was es Neues in der Stadt gibt. Für die Soester heißt das – außer in Krisenzeiten – soviel wie: Es ist alles noch beim Alten geblieben . . .

St.-Patrokli-Dom

Der Soester Stadtpatron – Schutzherr der Kirchturmpolitik

Einem vornehmen Römer und christlichen Märtyrer hat die Stadt Soest bis auf den heutigen Tag viel zu verdanken. Auf Befehl Kaiser Aurelians wurde er im Jahre 275 durch das Schwert hingerichtet, und natürlich rankte sich in den Tagen der Christenverfolgung alsbald eine Legende um seinen gewaltsamen Tod. Danach soll ein Engel dem Henker die Augen geblendet haben; Patroklus sei zum Flußufer geflüchtet und vor der staunenden Menge, wie einst Jesus über den See Genezareth, über die Wellen der Seine gewandelt. Wie durch ein Wunder sei er seinen Verfolgern entkommen, und erst einige Zeit später habe man seinen Leichnam im Fluß gefunden. An der Stelle, wo man ihn aus der Seine geborgen hatte, wurde zum Zeichen der Sühne zuerst eine kleine Kapelle, später eine Kirche errichtet, St. Parres aux Tertres bei Troyes.

In christlicher Verbundenheit mit seinem Kölner Amtsbruder schenkte der Erzbischof Ansegius von Troyes die jahrhundertelang sorgsam gehüteten Gebeine des Märtyrers im Jahre 950 Erzbischof Bruno, Bruder Kaiser Ottos des Großen. Da damals Köln bereits Mittelpunkt der Verehrung der legendären Ursula und ihrer 11 000 Jungfrauen war, dachte Bruno in kluger Voraussicht zunächst daran, die kostbare Reliquie der ältesten westfälischen Klosteranlage in Corvey an der Weser anzuvertrauen. Von dort missionierten aus dem Norden Frankreichs eingewanderte Mönche tapfer und auf Gott vertrauend in einem mit dichten Wäldern bedeckten, unwegsamen und dünn besiedelten sächsischen Gebiet.

Rund um die Soester Börde hatte der Frankenkönig und Kaiser Karl der Große die Bewohner bereits mühsam, aber mit vergleichsweise friedlichen Mitteln zum Christentum bekehren lassen. Zwar hatten die Sachsen die Taufe empfangen, aber in ihren Herzen lebten die germanischen Gottheiten weiter, die sie in ihren heiligen Hainen angebetet hatten, Odin, Freya, Loki und Thor. Heimlich wurden auch weiter Baum- und Quellnymphen verehrt; Elfen, Nixen und Trolle spukten bei Nacht um ihre einsam und versteckt liegenden Siedlungen.

An einen Gott im Himmel zu glauben, der sich nicht in Naturerscheinungen offenbart und auch nicht mehr durch das Blut geopferter Tiere geehrt und versöhnt wird, verlangte ein neues, tieferes religiöses Verständnis. Um dieses zu wecken und zu stärken, überließ man den neu bekehrten, schlichten Gemütern eine Reliquie zu anschaulicher Verehrung. Es fiel leichter, an die Botschaft der Bibel zu glauben, wenn man von Frauen und Männern erzählen hörte, die für ihre religiöse Überzeugung in den Tod gegangen waren.

Aus diesen Gründen entschloß sich der Kölner Erzbischof, der westfälischen „villa“ Soest – seit mehr als 150 Jahren christlich befriedeter Ort im widerspenstigen Sachsenland – die Gebeine des heiligen Patroklus zu schenken. In unmittelbarer Nachbarschaft zur Urpfarrkirche St. Petri baute man mit Kölner Geld um die kostbare Reliquie herum eine Stiftskirche, St. Patrokli genannt, für die sich irrtümlich im Laufe der Zeit der Name „Patroklidom“ einbürgerte. Die Segnungen der Kölner Erzbischöfe waren jahrhundertelang so allgegenwärtig in der Stadt, daß sich niemand mehr darüber Gedanken machte, daß der imposante Münsterbau nie als Kathedrale oder Dom Sitz eines Bischofs gewesen war.

Den ersten Stiftsherren blieb, neben dem Studium der Heiligen Schrift und der Erteilung gelehrten Unterrichts an die dickschädeligen Soester Schüler, genügend Zeit, um bedächtig, aber mit Eifer ihre Pfründen zu mehren und weit in die Börde auszudehnen. Aufgrund der damals üblichen organisatorischen Einteilung der Kirchengemeinden gehörten daher außer den sechs Soester Pfarrkirchen bald weitere 48 Pfarreien außerhalb der Stadt zum Patrokli-Stift. Sein jeweiliger Propst wurde – als Leiter des mächtigsten Kollegiatstiftes weit und breit – nach Köln gebeten, um als geistlicher Richter den Erzbischof zu vertreten. Die Regelung der Soester Belange überließ er seinem Dechanten.

Bei aller Frömmigkeit gewöhnten sich die Diener Gottes mühelos an die nicht sehr feine und wenig geistige Soester Lebensart. An ihren peinlich genau abgerechneten Schmausereien läßt sich ablesen, daß sie dabei in einem staunenswerten Ausmaß unvorstellbare Mengen gegessen und noch mehr vertrunken haben. Daß die Stiftsherren zeitweise ein zügelloses Lotterleben geführt hätten, ist wahrscheinlich ebenso übertrieben wie die offizielle Berichterstattung, die Soester hätten mit ihren Stiftsherren alle Tage in bestem, nie getrübten Einvernehmen gelebt – natürlich mit Ausnahme jener turbulenten Jahre während der Soester Fehde, als sich die Stadt von ihrem unbequem gewordenen Landesherrn, dem Kölner Erzbischof, lossagte. Obwohl viele Stiftsherren inzwischen aus Soester Familien hervorgingen, sahen sie sich gezwungen, das kleinere Übel zu wählen und ihrem Kirchenfürsten die Treue zu halten.

Hundert Jahre später haben sie in heller Empörung für ein paar Jahre die Stadt verlassen, nachdem sie zuvor tatenlos mit ansehen mußten, wie ein Dominikanermönch nach dem Vorbild Martin Luthers unbehelligt seine Thesen am Westportal des Patroklidoms anbringen konnte und die Soester nüchtern und pragmatisch ihre Kirchen zu reformieren begannen.

Bis in die Tage der Säkularisierung der Klöster Anfang des 19. Jahrhunderts konnten Soests Bürger dann wieder ungestört ihre Gebete neben den Gebeinen des Stiftspatrons verrichten. Diese gehören heute zum ehrwürdigen Inventar der Patrokli-Pfarrkirche.

Nur wenige Schritte entfernt betreiben die heutigen Soester Ratsmitglieder die Stadtpolitik, lassen bei ihren Entscheidungen zwar die Kirche im Dorf, müssen aber auch manchmal mit der Unterstellung leben, ihre Beschlüsse hätten allenfalls die Dimension der Höhe eines Soester Kirchturms. Wenn sie sich dabei am Patrokliturm orientieren, ist eine solche „Kirchturmpolitik“ freilich gar nicht schlecht und geradezu weitblickend zu nennen.

Bei diesem Vergleich muß man bedenken, daß das Westwerk der Kirchenanlage ursprünglich wahrscheinlich ein städtischer Bau gewesen ist. Schwärmerisch hat man es als eine der herrlichsten

Schöpfungen der Stauferzeit bezeichnet, dabei aber noch nicht einmal berücksichtigt, daß auch sein Baumaterial, der nur in Soest vorhandene grüne Sandstein, ziemlich einzigartig ist. Aus echtem Soester Stein baute die Stadt sich zu Beginn des 13. Jahrhunderts ein Rathaus, nahtlos angefügt an die bis dahin schon mehrmals umgebaute und erweiterte Stiftskirche. Mit einem gewaltigen Turm krönten die Ratsherren ihren neben der stets wohlgefüllten Rüstkammer gelegenen prächtigen Sitzungssaal. Die für damalige Zeiten schier abenteuerlichen Ausmaße des Stadtturms forderten bei seiner Errichtung von den eingesetzten Baumeistern das Äußerste an Vorstellungskraft. Im Volksmund nannte man das Bauwerk ehrfürchtig das „westfälische Wunder".

Wie für die Ewigkeit gebaut ragt der wuchtige Turm mit seinem mächtigen Helm als Wahrzeichen von Soest weithin sichtbar über der Börde in den Himmel. Sein imposanter Anblick läßt fast vergessen, daß er weder zur Ehre Gottes noch zum Ruhme des Stadtpatrons gebaut wurde, sondern ein Denkmal freien und stolzen Bürgersinns darstellt.

Allerdings wollten es die Soester mit ihrem christlichen Wächter und weltlichen Schützer Patroklus nicht verderben. Im Kirchenraum findet man in Stein gehauen oder auf Wände gemalt zahlreiche Bilder von ihm. Am eindrucksvollsten ist das auf einer hohen Säule errichtete Standbild an der Schwelle zum städtischen Anbau, wo kirchliche und weltliche Macht fugenlos ineinander übergingen. Ohne Anpassungsschwierigkeiten hat sich der frühchristliche Märtyrer und hochgeborene Sohn des Römischen Reiches in einen bewaffneten Soester Stadtherold verwandelt. In dieser Darstellung hat er Kriege, Not-

und Krisenzeiten überdauert, unaufhaltsamem Aufstieg, glanzvoller Entfaltung und kläglichem Niedergang gleichmütig zugesehen. Im Soester Stadtbild behauptet er sich ohne nennenswerte Beachtung oder Verehrung bis auf den heutigen Tag als Sehenswürdigkeit.

An der Wittekindsmauer

Die Soester Pfalzen – Kriemhilds Rache

Trotz des ersten Soester Sitzstreiks und massiver Proteste in der örtlichen Presse hat man auf dem Grund und Boden einer alten Königs- und Bischofspfalz ein modernes Kreditinstitut errichtet, mit kalten Fenstern, automatisch schließenden Glastüren, kantigen Ecken, nüchternen Fassaden, einfallslos und grau gebaut – ein zweifelhafter Gewinn im vorwiegend grünen Stadtbild. Es ist das Ergebnis eines Wettbewerbs zeitgenössischer Architekten, die damals durch die Bank auf Sichtbeton schwörten.

Mehr als tausend Jahre zuvor war die Wahl des Baumaterials und seine Verwendung vorgegeben. Vor der Haustür der ersten Holzpfahlbauten lagen die Soester Steinbrüche mit dem bis heute die Stadt prägenden meergrünen, weichen Sandstein, der schnell verwittert und im Laufe der Zeit Patina ansetzt wie ein altes Kupferrohr.

Unregelmäßig gebrochene Steine wurden gut zwei Meter dick zu einem Turm geschichtet. Auf diese Weise entstand ein hohes, fast fensterloses Haus: die erste Pfalz in Soest. Dort wohnte der Kölner Erzbischof bei seinen regelmäßigen Besuchen, wenn er in Soest nach dem Rechten sah. In dieser städtischen Burganlage residierten mit

Fug und Recht auch die deutschen Könige und Kaiser. Sie hießen Heinrich, Otto oder Friedrich Barbarossa und bestätigten ihre Anwesenheit auf Schenkungsurkunden mit dem Abdruck ihres Siegelrings. Einer von ihnen, Kaiser Otto IV., hat im Jahre 1203 in Soest sogar einen Reichstag abgehalten. Vielleicht benutzte man dafür bereits den komfortableren Neubau der zweiten Soester Pfalz, die inzwischen bei der Alt-St.-Thomae-Kirche errichtet worden war.

Wegen mangelnder Bequemlichkeit für die geistliche Obrigkeit hatte bereits Erzbischof Philipp von Heinsberg die erste Pfalz als Residenz verlassen. Seit dem Jahre 1178 nahm sie unter der Betreuung einer halbgeistlichen Hospitalbruderschaft Kranke, Gebrechliche, Arme und Pilger auf, die im „Spital zum Heiligen Geist“ Pflege und Unterkunft fanden. Wegen seiner äußeren Beschaffenheit wurde es im Volksmund „Hohes Hospital“ genannt, und diese Bezeichnung dafür hielt sich bis in das 14. Jahrhundert, als man es in ein Jungfernheim umwandelte.

Zwischen Betonbau und neuem Gemeindehaus steht heute noch ein älterer, unscheinbarer Baurest, die sogenannte Wittekindsmauer. Der Ursprung ihres Namens liegt im Dunkel der Geschichte. Ein historischer Zusammenhang mit dem Sachsenherzog Widukind konnte bis heute nicht hergestellt werden. Es ist der letzte sichtbare Rest der Anfang des 19. Jahrhunderts abgerissenen ersten Soester Pfalz. In diesem alten Gemäuer hält sich seit geraumer Zeit hartnäckig das Gerücht, es sei ein steinerner Zeuge des Untergangs der sagenhaften Nibelungen gewesen. Genau an dieser Stelle sollen sie trotz heftiger Gegenwehr niedergemetzelt worden sein, Tod und Verderben erfahren haben.

Die zuständige Fachwelt wird stets solange an der wissenschaftlichen Haltbarkeit einer kühnen Behauptung zweifeln, bis an deren Forschungsergebnissen nicht mehr zu rütteln ist. Davon konnte auch der für seine unbestreitbaren Verdienste mit Orden geschmückte Schriftsteller und Forscher Heinz Ritter-Schaumburg ein langes Lied singen. Seit mehr als einem Vierteljahrhundert bemühte er sich, einen wissenschaftlich haltbaren Nachweis für seine These zu erbringen, daß die Nibelungen unterwegs zu ihrem letzten Abenteuer nicht südwärts gezogen seien, dem Lauf der Donau entlang durch Österreich bis nach Ungarn, sondern sich nordwärts bewegt hätten und nach Soest gelangt seien, wo sie Kriemhilds Rache erwartete.

Der Autor stützte sich in seinem Buch auf die mit Gänsekiel auf Pergament geschriebene skandinavische Thidreksage. Von sogenannten Saga-Männern wurden, hoch im Norden Europas, an langen Winterabenden mündlich überlieferte Erzählungen aus alten Tagen dingfest gemacht und erstmals der Nachwelt schriftlich überliefert.

Nur wenige Jahre zuvor – im Verlauf des 12. Jahrhunderts – waren im süddeutschen Raum die ersten Handschriften des Nibelungenliedes entstanden – heute noch ein klassisches Bildungsgut –, in dem die angeblich deutsche Tugend der absoluten Zuverlässigkeit gepriesen wird, die sogenannte Nibelungentreue, in dem aber auch noch heidnisches Gedankengut lebt, das unchristliche Verlangen nach Rache und Vergeltung.

Folgt man der Thidreksage, so zogen um das Jahr 700, eher noch früher, die Nibelungen eben nicht die Donau entlang, sondern blieben in ihrem angestammten Rhein-Sieg-Gebiet, reisten allenfalls bis hinunter in den Rheingau. Dietrich von Bern war demnach König in Bonn, und von dort aus reisten die aus dem Eifelland stammenden „Niflungen" über Dortmund, Unna nach Soest (Susat), damals die Hauptstadt des „Hünenlandes", das Westfalen und Teile Niedersachsens umfaßte.

Konsequenterweise war Kriemhild nicht mit dem Hunnenkönig Etzel verheiratet, sondern mit Attila, einem Fürsten aus altem friesischen Geschlecht. Als möglichen Beweis für die Richtigkeit dieser Schlußfolgerung kann man sich im Burghof-Museum die wertvolle germanische Runenfibel ansehen, eine Brosche, in die der Namenszug „ATTALA" eingeritzt ist, angeblich ein Geschenk für die schöne Kriemhild.

Vielleicht ist es nur ein unheimlicher Zufall, daß man unweit der Wittekindsmauer in einem großen Baumgarten rätselhafte menschliche Knochenfunde zutage gefördert hat. Eine Archäologin aus Münster, die sich am Fuße der Mauer maulwurfartig in die Soester Vergangenheit gegraben hat, legte ihre reichen Funde an alten Gräbern und Skeletten mit der nachdenklichen Überlegung frei, daß sie es den gebleichten Knochen wirklich nicht ansehen könne, ob sie die sterblichen Überreste eines fränkischen Heerführers seien oder von einem ausgewachsenen Nibelungen stammten.

Während das Heldenlied der Nibelungen generationenlang zur Pflichtlektüre an Schulen und Universitäten gehörte, ist die Thidreksage ein Stiefkind der Germanistik geblieben. Heinz Ritter-Schaumburg glaubte fest an sie als verläßliche Geschichtsquelle, die authentisch Aufschluß darüber gibt, an welchem Ort König Gunther regierte, wo der strahlende Held Siegfried sich in Drachenblut badete, ins ferne Island aufbrach, um für seinen König die Walküre Brünhild zu erobern, um Kriemhild freite und schließlich von dem finsteren Hagen von Tronje hinterrücks erschlagen wurde.

Da auch dichterische Freiheit ihre Grenzen hat und auch geographische Phantasie vor der Tatsache Halt machen muß, daß Rhein und Donau nicht zusammenfließen, sollen die Nibelungen an dem unbedeutenden Flüßchen Dhünn – das früher in den Rhein floß, dann begradigt wurde und heute in die Wupper mündet – den Rhein überquert haben, um am Ende im christlich geprägten Soest dem heidnischen Gesetz der Blutrache zum Opfer zu fallen.

An dem möglichen Ort des grausamen Geschehens parken heute Soester Bank- und Kirchenleute ungestört ihre Autos in einer Tiefgarage und lassen die Vergangenheit auf sich beruhen. Die Frage, ob Soest eine „Nibelungenstadt" sei, ist nur ein Thema zu später Stunde. Allenfalls am Stammtisch wird hitzig für und wider argumentiert: Einerseits bierernste Wahrheit und Grund genug, sich endlich werbewirksam mit diesem Titel zu schmücken – andererseits vielleicht nur die Einbildungskraft eines Schriftstellers, der als wahrer Epigone der Nibelungen, trotz wohlgemeinter Warnung, von einem einmal geplanten Vorhaben keinen Rückzieher machen konnte.

In einem ganz anderen Sinn aber ist und bleibt Soest ein sagenhafter Ort. Daran können Sagen und Legenden, mit und ohne historischen Wahrheitsgehalt, weder heute noch morgen etwas ändern. Wenn etwas über alle Maßen zu loben ist, neigt der Soester gern zu einer stillen Untertreibung, um seine Rührung zu verbergen. Und auch wenn er soeben etwas Wunderbares erfahren hat, aber auch dann, wenn nur Preis und Leistung in seinen Augen übereinstimmen, sagt er dazu kurz und bündig: „Da kann man nix von sagen!“ Das heißt soviel wie: Das freut mich, daran ist nichts auszusetzen.

Das Haus „Zum Spiegel"

Soester Recht geht auf eine Kuhhaut

Nicht weit von der „alden kerke" St. Petri und dem erhaltenen Mauerrest der ersten Soester Bischofs- und Königspfalz liegt an der Jakobistraße, etwas zurückgezogen und versteckt in einem großen Garten, das Stadtarchiv, genannt das Haus „Zum Spiegel". Seinen Namen verdankt es vermutlich dem längst abgerissenen Nachbarhaus, einem mittelalterlichen Gasthof „Zum Spiegel", der – wie das oberhalb an der Jakobistraße gelegene „Pilgrimhaus" – Reisende und Pilger versorgte, die alter Tradition entsprechend und getreu ihrem Gelübde den Hellweg entlang in den Kölner Raum zogen.

Außer dem „Burghof", in dem heute das städtische Museum untergebracht ist, und dem „von Friesenhausenschen Hof" am Steingraben gehört das Haus „Zum Spiegel" mit seinem hohen, weitausladenden Walmdach zu den repräsentativsten Wohnhäusern der Stadt. Die Räume dieses ehemals standesgemäßen Sitzes Soester Patrizierfamilien haben sogar königliche Gäste gesehen.

Preußenkönig Friedrich der Große hatte zwar Soest mit einem einzigen Federstrich zu einer unter preußischer Verwaltung stehenden westfälischen Provinzstadt degradiert, aber das trug man einem seiner Nachfolger, Friedrich Wilhelm IV., nicht weiter nach. Als dieser, noch als Kronprinz, im Jahre 1814 Soest besuchte, wurde er im Haus „Zum Spiegel“ königstreu und gastfrei bewirtet.

Im Jahre 1839, ein Jahr vor seinem Regierungsantritt, stattete er Soest einen zweiten Besuch ab. Nach einem Rundgang durch St. Maria zur Wiese, einer der schönsten spätgotischen Hallenkirchen Deutschlands, setzte er sich persönlich für die Renovierung und den weiteren Ausbau des bereits arg in Mitleidenschaft gezogenen Kirchenraumes ein. Nach seinen eigenen gnädigen Worten war er nicht abgeneigt, der Wiesenkirche zu ihren ursprünglich geplanten, aber nie ausgeführten Turmbauten zu verhelfen, weil sie, wie er meinte, „derzeit so unordentlich aussehe“.

Im Nachhinein bescherte der Besuch der zuletzt erbauten Soester Kirche mit Hilfe preußischer Taler ihre vorschriftsmäßigen Türme. Sie wurden im Jahre 1875 vollendet und im Jahre 1882 feierlich eingeweiht. Seitdem sind sie ein prägendes Wahrzeichen der an Türmen reichen Stadtsilhouette.

So hat vor über hundertfünfzig Jahren das Patrizierhaus „Zum Spiegel“ an Soester Geschichte mitgewirkt. Darum ist es nur angemessen, daß in seinen Räumen heute hochherrschaftlich das für Westfalen bedeutende und höchst umfangreiche Soester Stadtarchiv untergebracht ist.

Die ersten Bestände des Archivs wurden in einer „cista burgensium in Susato“, der Soester Bürgerkiste, aufbewahrt. Die führenden Köpfe von Rat und Verwaltung erkannten schon im 13. Jahrhundert

die Bedeutung dieser wichtigen Dokumente und Urkunden, die den Soestern so weitreichende und umfangreiche Privilegien garantierten, daß die Stadt mit ihrem Territorium, der Soester Börde, eine größere Unabhängigkeit besaß als manche damalige freie Reichsstadt.

Ihre eindeutige Vormachtstellung unter allen übrigen westfälischen Städten verdankte die Stadt dem Kölner Erzbischof Philipp von Heinsberg, für seinen Schutz und seine großzügige Förderung mit liebevollem Respekt „Vater der Stadt“ genannt. Während seiner Regierungszeit von 1167 bis 1191 verhalf er dem Soester Stadtgebiet zu einer weitläufigen Stadtbefestigung von fast vier Kilometer Länge, bestückt mit zehn Stadttoren und 26 Wehrtürmen. Nach außen wirkte sie für feindliche Belagerer auf den ersten Blick abschreckend und erschien von vornherein uneinnehmbar. Nach innen grenzte sie ein Stadtgefüge ein, in dem auf einer Fläche von 102 Hektar mehr Menschen lebten als zum Beispiel in der benachbarten Stadt Dortmund. Weithin sichtbar schützten die Mauern und Türme eine Stadtgemeinde, in der es einen ständigen Markt gab und eigenes Soester Geld geprägt wurde.

Heute steht das Haus der freien Bürgerschaft „Ressource“ – die sich früher ausschließlich aus Akademikern und betuchten Kaufleuten mit einwandfreiem Leumund zusammensetzte – ungefähr an der Stelle, wo damals die neu gebaute Marktkirche St. Georgii zum Mittelpunkt geschäftigen Handels wurde. Um sie herum waren zerstreut liegende einzelne Siedlungen im Laufe der Zeit aufeinander zugewachsen. Die Bürger (burgenses) der ehemals ottonischen Burganlage wurden unmittelbare Nachbarn der im „Wik“, dem Kaufmannsviertel um den Marktplatz herum, ansässigen Kaufleute. Erzbischöfliche Würdenträger bauten ihre Häuser neben Handwerkersiedlungen. Zusammen mit bäuerlichen Anwesen und dem abgelegenen Sälzerdorf bildeten alle zusammen die erste Gemeinschaft Soester Bürger.

Diese für damalige Verhältnisse bereits sehr große Stadt wurde durch die segnende Hand Philipps von Heinsberg entsprechend den sechs Kirchspielen in sogenannte „Hofen" eingeteilt. Der Name dieser eigenständigen Verwaltungs- und Wahlbezirke geht angeblich auf die ersten merowingischen Königshöfe zurück und lebt bis heute in Straßenbezeichnungen und Namensgebungen der Soester Schützenvereine fort.

Die vier Himmelsrichtungen gaben den Hofen ihre Namen. Als städtische Nachbargemeinden waren sie für die Verteidigung des ihnen zugeteilten Abschnitts der Stadtbefestigung verantwortlich. Sie mußten ihre Löscheinheiten zur Brandbekämpfung in Alarmbereitschaft halten, ihre Wege instand setzen, für sauberes Brunnenwasser sorgen und abends einen Nachtwächter durch die Gassen schicken. Tagsüber versah dort der „Hofescapitän" oder Stadthauptmann sein Amt und sorgte für Ruhe und Ordnung.

Diese mit erzbischöflicher Hilfe hergestellte Gewähr für ein Zusammenleben in Sicherheit und Ordnung bestätigte im Grunde nur eine höchst demokratische Regelung Soester Angelegenheiten, die sich die Bewohner der Stadt selbst gegeben hatten. Aus der eigenständigen Kraft eines ursprünglichen Rechtsempfindens verfaßten sie ihr eigenes Recht, das in seinen Aufzeichnungen zu den ältesten deutschen Stadtrechten gehört. Es wurde im Lauf der Zeit von ungefähr sechzig westfälisch-sächischen Städten übernommen, die zusammen die größte Stadtrechtsfamilie im Heiligen Römischen Reich deutscher Nation westlich der Elbe bildeten.

Bereits im Jahre 1158 hatten die ersten Bürger Lübecks beschlossen, das Soester Recht zur Grundlage ihres Stadtrechts zu machen. Mit Hilfe der „Königin der Hansestädte" gelangte es in seinen Grundzügen zu europäischer Bedeutung und galt in abgewandelter Form selbst in der entlegenen russischen Stadt Nowgorod, dem heutigen Gorki.

Zum ersten Mal wurde das berühmte Soester Recht in niederdeutscher Sprache auf eine Kuhhaut geschrieben, der sogenannten „alten Schra", die in 63 Paragraphen Wohl und Wehe des Gemeinwesens bestimmte. Alljährlich wurde es vom Bürgermeister oder dem Stadtschreiber öffentlich verlesen: „Nun sal hören de gemeinheit der borgere dat alde, gekorne (gewählte) und geprovede (bewährte) recht . . ."

Die bereits im Jahre 1154 in der damaligen lateinischen Amtssprache verfaßte Rechtsordnung wurde um das Jahr 1300 beträchtlich erweitert. Noch immer ließen sich in jedem Jahr die meist des Lesens und Schreibens unkundigen Soester feierlich die 130 Artikel der „neuen Schra" unter freiem Himmel aufsagen. Empört reagierten sie auf die erste nachweisbare Schlamperei im innerstädtischen Verwaltungsapparat. In den Wirren der Reformationszeit war der Gesetzestext verlorengegangen, und um nicht mit leeren Händen vor das wartende Volk zu treten, hatte sie der damalige Stadtschreiber aus dem

Gedächtnis neu verfaßt. Er stieß aber mit seiner Eigenschöpfung des Soester Rechts auf taube Ohren und wurde von den aufgebrachten Bürgern mit Schimpf und Schande aus der Stadt gejagt. Ein paar Jahre später, im Jahre 1531, tauchte die „neue Schra“ zufällig wieder auf. Lakonisch vermerkt die Chronik dazu: „. . . sie war hinter einem Kasten verschwunden gewesen!“

So hat sich jahrhundertelang unverfälscht von einer Generation zur nächsten in den Herzen der Soester ein Rechtsgefühl erhalten, das von allem Anfang an dem Gemeinwohl verpflichtet war. In dem bereits im Jahre 1230 urkundlich erwähnten Rathaus bestimmten auf Grund der demokratischen Stadtverfassung zwei Bürgermeister gleichzeitig die Geschicke der Stadt. Als Erste unter Gleichen wurden sie aus einer Führungsschicht gewählt, die sich anfangs aus freien Bürgern, Hansekaufleuten und erzbischöflichen Beamten zusammensetzte. In einer Urkunde aus dem Jahr 1165 werden sie als die „meliores“ – die Besseren im Sinne von „vornehm“ – erwähnt; im Jahr 1178 nannten sie sich selbst „consules“. Verantwortungsbewußt und „selbstherrlich“ sorgten sie dafür, daß aus der ersten Pfalz, der Residenz der Bischöfe und Könige, die erste städtische Wohlfahrtseinrichtung wurde, ein Hospital für Witwen, Waisen, Arme und Gebrechliche. Das Wohl des Einzelnen wurde – aus christlicher Frömmigkeit und sozialem Gerechtigkeitssinn – dem Gemeinwohl untergeordnet.

Fast fünfhundert Jahre lang, bis zum Jahr 1752, überdauerte die Soester Verfassung, in ihren Grundzügen unberührt vom wechselvollen politischen Geschehen der Jahrhunderte. 24 Ratsherren, jeweils zwei Jahre lang in Amt und Würden, bestimmten die Geschicke der Stadt.

Sie verhandelten unmittelbar mit dem jeweiligen Landesherrn, blieben aber gleichzeitig bürgernah dem Soester Gemeinwohl verpflichtet und sorgten für die unverfälschte Auslegung der bestehenden Gerichtsordnung.

Der jeweilige Propst des St. Patrokli-Kollegiatstifts entschied als oberster geistlicher Richter in allen kirchlichen Angelegenheiten. Sendbote der „oberen“ weltlichen Gerichtsbarkeit, die unter dem Königsbann richtete und sich aus dem Gogericht der Gaugrafen entwickelte, war der Vogt. In Erbfolge übten noch im 13. Jahrhundert dieses Amt die Grafen von Arnsberg aus. Die Nachbarstadt am Rande des Sauerlandes ist heute noch als Sitz des Regierungspräsidenten für Soest zuständig, eine späte Genugtuung dafür, daß die Grafen von Arnsberg die Vogtei im Jahr 1279 an die Stadt Soest verkauften und somit auch das Amt des Vogtes von Soester Bürgern ausgeübt wurde. In Erbfolge übernahmen Väter und Söhne Soester Patrizierfamilien dessen Befugnisse, und da der jeweilige Erzbischof auch den Großrichter aus den Reihen Soester Bürger ernannte, wurden sie somit zu Herren über Leben und Tod; sie übten die Blutgerichtsbarkeit aus.

Der entsprechend „niederen“ Gerichtsbarkeit standen die Schulten von Soest vor. Als „Schultheiß“ oder „Stadtrichter“ bildeten sie den kürzesten Arm des Gesetzes. Er erreichte jeden, der in jenen Tagen kein ehrbares, rechtschaffenes, gottgefälliges Leben führte.

Mord und Totschlag wurden mit der Todesstrafe geahndet, wobei es schon ein Akt der Gnade war, anständig mit dem Beil enthauptet zu werden. Bei Falschmünzerei, Weinpanscherei und Bigamie wurde die Todesstrafe zumindest angedroht, und je nach Schwere des Vergehens – wozu auch der Viehdiebstahl rechnete – war die Beförderung vom Leben zum Tode mit zusätzlichen, hochnotpeinlichen, strafverschärfenden Qualen verbunden, ob man nun gerädert, ertränkt, lebendig begraben, gesteinigt, verbrannt, erhängt, gevierteilt oder in Wasser und Öl gesotten wurde.

Empfindliche Leibesstrafen bestanden darin, daß die Ohren abgeschnitten, Hände oder Füße abgehackt, Augen ausgestochen wurden, die Zunge herausgerissen, eine Tracht Prügel verabreicht oder der Soester Schlüssel auf die Backe gebrannt wurde. Für einen Wochenlohn von zwölf Pfennigen hatte der Scharfrichter alle Hände voll zu tun.

Zänkische Ehefrauen stellte man an den Pranger. Wenn ein Bäcker ein falsches Gewicht verwendet hatte, wurde er an den Schandpfahl gefesselt. Auch Hausarrest durfte verhängt werden. Ein Gerichtsdiener, der öffentlich Gott gelästert hatte, mußte sich zwei Jahre lang ständig in seinem Haus aufhalten, durfte an keiner Bürgergesellschaft und keinem Wirtshausgelage teilnehmen, mußte stattdessen täglich mit niedergeschlagenen Augen in die Kirche gehen und unter der Kanzel stehend sein Gebet verrichten.

Ausführliche Aufzeichnungen dieser – zwecks abschreckender Wirkung – verhängten drakonischen Maßnahmen und Sanktionen, teilweise mit kunstvollen farbigen Illustrationen versehen, gehören heute zum kostbaren Bestand des Stadtarchivs. Sie belegen nachhaltig und eindrucksvoll, daß es in früheren Tagen ratsam war, weder gegen die göttliche noch gegen die Soester Ordnung zu verstoßen.

In Bagatellfällen wurde man auch damals mit einer Geldbuße belegt, die bei erwiesener Zahlungsunfähigkcit in eine Haftstrafe umgewandelt werden konnte, abzusitzen im städtischen Schuldturm. Er steht heute nicht mehr, aber immer noch läuft man leicht Gefahr, kurzfristig eine städtische Zahlungsaufforderung zu erhalten. Wer sich, auf Gedeih und Verderb, in den unübersichtlichen Einbahnverkehr in der Innenstadt einfädelt, sich in konzentrischen Kreisen dem Soester Marktplatz nähert, unversehens einen mittelalterlichen Verkehrsmittelpunkt kreuzt, unfreiwillig am Haus „Zum Spiegel“ vorbeifährt und nach entnervender Parkplatzsuche aus Notwehr „wild“ seinen Pkw abstellt, wird unnachsichtig – wenn auch inzwischen von weiblicher Hand gereicht – mit einem Soester „Knöllchen“ bestraft.

Die Kirche St. Nicolai am Kolk

Das Soester Kirchenschiff der Hanse

Unübersichtliche Einbahnstraßen, verwirrend viele Kirchen und viel zu wenig Parkplätze – moderne Verkehrsplaner haben es mit einer sogenannten mittelalterlichen „fußläufigen" Stadt zu tun. Daher richten sie neuerdings wieder verkehrsberuhigte Fußgängerzonen ein, aber immer noch sind die Autos im Wege.

Der Hellweg – seit Menschengedenken eine der wichtigsten Verkehrs- und Handelsstraßen in Deutschland – führt auch heute noch mitten durch Soest. Aber der Fußgänger meidet instinktiv sowohl die Jakobistraße als auch die Thomästraße. Er fühlt sich auf dem historischen Weg durch den neuzeitlich brausenden Durchgangsverkehr belästigt und flüchtet sich lieber in weniger befahrene Gassen, auch wenn dort parkende Pkw's manch romantisch schönen Durchblick versperren.

Vor gut tausend Jahren war Soest nicht nur ein weit und breit beliebtes Reiseziel, sondern auch ein bequemer Aufenthaltsort. Geschäftstüchtige Kaufleute hatten die ersten Marktstände errichtet; es wurden bereits mehr Waren hergestellt, als man selbst brauchte. Auch heute verteidigt die Stadt wieder ihren Ruf, erste und beste Einkaufsstadt in der Umgebung zu sein. Dazu lassen sich die Bürger vieles einfallen: Bördetag, Weihnachtsmarkt und Straßenfeste.

Schon in den Tagen, als man zu Fuß oder allenfalls zu Pferde unterwegs war, näherte man sich mit Freude und Erleichterung der Bördemetropole; Pilger und Mönche wußten sich ihrem Ziel ein Stück näher. In beschwerlichen Fußmärschen kamen sie von Osten über Paderborn nach Soest, bevor sie über Köln und Aachen in den unbekannten Süden bis nach Nordspanien weiterzogen.

An der Thomästraße bestaunten sie die neue Bischofs- und Königspfalz, erflehten in einer der Kirchen den Beistand Gottes und dazu den des für sie zuständigen Apostels Jakob, suchten sich dann in der Nähe des Jakobitores für eine Nacht ein Dach über dem Kopf. Dort steht heute noch einer der ältesten Gasthöfe Westfalens, aber längst wird nicht mehr nur eine Muschelschale oder ein irdener Napf mit fader Grütze gefüllt.

Tausend Jahre zuvor befand sich die eigentliche Pilgerherberge außerhalb des Jakobitores. Dort und in den übrigen Gasthöfen der Stadt hörten die Soester Handwerker und Kaufleute staunend Reiseberichte aus fremden Ländern und abenteuerliche Schilderungen von anderen Sitten und Gebräuchen. Viel fremdes Volk war damals in der Stadt – und in manchen Soestern regte sich Reiselust. In Erinnerung an die Zeiten, als sie schwerfällige Karren mit dem kostbaren Salz beluden, um das weiße Gold weithin im Lande bis hinauf an die Ostseeküste zu verkaufen, schlossen sich Soester um das Jahr 1200 zu einer ersten Handelsgesellschaft zusammen, die sich die Bruderschaft der „Schleswikfahrer“ nannte.

Die ersten Soester Reisenden im Fernhandelsverkehr verließen ein wohlbestelltes Haus und eine geordnete Stadt. An Gottes Segen war für sie zwar alles gelegen, aber faire Handelsverträge hatten ebenfalls eine beruhigende Wirkung auf die Seelen. So ist zum Beispiel von Soest einer der ältesten deutschen Gesellschaftsverträge überliefert. Er sah klar und einfach vor, daß man für den Export der im benachbarten Medebach angefertigten Waren sorgte und den profitablen Ertrag auf Heller und Pfennig zur Hälfte teilte. Mit ihrem Gewinnanteil baute sich die Bruderschaft der Schleswikfahrer ausgangs des 12. Jahrhunderts eine Kapelle, in der man dankbar und fromm um Beistand zu weiteren glücklichen Geschäften beten wollte.

Auf einer ursprünglich heidnischen Kultstätte, nahe der Stiftsanlage des Patroklidoms, errichtete man die heute wegen ihrer ungewöhnlichen Bauform berühmte Nicolai-Kapelle am Kolk. Benannt ist sie nach dem heiligen Nikolaus von Myra, Schutzpatron der Reisenden und Seefahrer. Er sollte auch die Soester vor ungünstigen Winden und Schiffbruch bewahren.

Weit weg von Küste und Meer steht seitdem in Soest eine Kapelle, die nur ein wenig Phantasie vom Auge des Betrachters verlangt, um ihren Grundriß mit einer Hansekogge zu vergleichen. Die eigenwillige Bauform der Nicolai-Kapelle findet wenig Beachtung im Straßenbild. Gitter und Tor sind meist verschlossen, und im Innern weht auch nicht mehr der Hauch der großen weiten Welt. Nach wie vor ist es aber für einen Reisenden einer der schönsten Orte, um von Soest Abschied zu nehmen. Zwei überschlanke Säulen stützen den leichten, sehr bewegten Kirchenraum. Sie erinnern an hölzerne Masten, die im Wind geblähte Segel tragen. Nach Osten geht die Fahrt, wenn man die kleine Apsis mit dem Bug eines Schiffes vergleicht; nicht von ungefähr wurde die Empore des Westwerks im Volksmund „Kajüte" genannt.

Dort nahmen die Schleswikfahrer ihre Plätze ein, um vor Antritt ihrer Reise um ein gutes Gelingen ihres kühnen Vorhabens zu bitten oder nach glücklicher Wiederkehr ihrem Schutzpatron zu danken. Der heilige Nikolaus von Myra meinte es gut mit ihnen in jenen Tagen. Zuversichtlich verließen sie die Stadt, reisten in die Welt, segelten über die Meere und eroberten friedlich die Handelsplätze aus alten Wikingertagen.

Indessen blieben die Soester zu Hause nicht untätig. Unablässig wurde in der Stadt gebaut. Längst waren die Häuser um die alte Bischofs- und Königspfalz am Petrikirchhof mit der Siedlung der Salzsieder am Loerbach zusammengewachsen. Auf halbem Weg hatte man den Marktplatz angelegt, natürlich auch eine dazu gehörende Marktkirche, St. Georgii genannt, gebaut. In ihrem Schutz dehnten die Kaufleute ihr angestammtes Wohnviertel aus und bauten sich großzügige Häuser mit geräumigen Dachspeichern zum Lagern der Waren.

Nach dem täglichen Gebet in der „nieuwen Kerke" traf man sich nach Feierabend am Stammtisch im Weinhaus und bildete – wie könnte es in Soest anders sein – die ersten Vereine. Die Handwerker wählten sich ihre Zunftmeister, die Kaufleute schlossen sich in einer Gilde zusammen. Nüchtern wurden Ziel und Zweck der Aufgaben festgelegt, zufrieden und weinselig der Abend beendet. Aber während früher die Zünfte und Gilden auf sich hielten und sich in streng getrennten Vereinslokalen versammelten, gibt es heute kaum einen Soester, der nicht zur gleichen Zeit in mehreren der zahllosen städtischen Vereine Mitglied ist.

Kaufleute und Handwerker genossen in der Stadt großes Ansehen; in einem besonders guten Ruf standen die Tuchfärber. Am Samstag rührten sie die tiefblaue Farbe an, um über das Wochenende darin die Stoffe einzuweichen. In sattem Blau wurden sie am Montagmorgen herausgenommen. Wenn dann ein Soester im Vorübergehen aus Neugier fragte: „Was macht Ihr denn heute?“, kam kurz und bündig die Antwort: „Wir machen heute blau!“ Wer heute montags „blau“ macht, weiß nicht mehr, daß er an diesem Tag eigentlich „Blaudrucke“ anfertigen müßte. Die westfälischen Blaudrucke und andere Tuche wurden zusammen mit Salz, Getreide und im benachbarten Sauerland eingekauften Waffen, Kettenhemden und Eisenwaren verladen und bis hinauf an die Ostsee transportiert.

Nachdem im Jahr 1159 Heinrich der Löwe die Stadt Lübeck gegründet hatte, die für die Geschichte der Hanse etwa so viel bedeutete wie die Gründung Roms für das Römische Reich, gaben die Soester den nördlich davon gelegenen alten Handelsplatz der Wikinger, Haithabu genannt, rasch auf. Lübeck, das slawische Liubice – sehr frei übersetzt mit „die Fröhlichkeit aller Leute“ – wurde zum erklärten Ziel der Reise. Soester Handelsgeist muß damals ansteckend gewesen sein, denn aus der Umgebung gesellten sich weitere westfälische Kaufleute unternehmenslustig dazu.

Auf der Lippebrücke bei Werne gründeten im Jahr 1253 Abordnungen aus Münster, Dortmund, Lippstadt und Soest nach guter alter

Vätersitte per Handschlag einen Städtebund und besiegelten so die erste überlieferte Fahrgemeinschaft. Mitten im binnenländischen Westfalen tauchte dafür zum ersten Mal die Bezeichnung „Hanse" auf, die angeblich schon in der lateinischen Bibelübertragung des Bischofs der Westgoten, Wulfila, vorkommt. In dem im vierten Jahrhundert als „codex argenteus" überlieferten Werk wurde unter der „Hanse" (ansa) eine bewaffnete, reisende Schar verstanden.

Obwohl man sich eine Hansestadt ohne Zugang zum Meer nicht vorstellen kann, Soest jedoch mitten im Land, umgeben von satten Feldern und dichten Wäldern, liegt, gehören die Soester dennoch zu den Hanseaten der ersten Stunde. Sie haben nichts dagegen, wenn man sie mit Seestädten vergleicht, mit deren stolzen Zunft- und Gildehäusern, gotischen Spitzgiebeln oder reich geschmückten Renaissancefassaden.

In ihren besten Tagen sollten der Hanse über zweihundert europäische Städte angehören. Sie war weit mehr als nur die größte Wirtschaftsgemeinschaft, die es in Europa vor der EG gegeben hat. Jahrhunderte hindurch hat sie verstanden, auch ihre politischen Interessen erfolgreich zu vertreten und hat so handfeste Machtpolitik betrieben.

Vorrangig wurde durch ein ausgeklügeltes, straff durchorganisiertes Währungssystem und rigorose Zollbestimmungen für einen reibungslosen Verkauf aller im Handel befindlichen Waren gesorgt. Absatzschwierigkeiten unsinniger Überproduktionen waren damals völlig unbekannt. Einkauf und Vertrieb der Waren wurden genau aufeinander abgestimmt: Gewürze aus dem Orient, kostbare Stoffe und Leder aus Spanien, Teppiche aus Flandern, Wolle aus Schottland, Brüsseler Spitzen, Gebetbücher und Pergament aus Italien fanden ihre Käufer.

Um nicht allzu bieder im internationalen Handel aufzutreten, vertrieben die Soester neben ihren in erster Linie nahrhaften und nützlichen Erzeugnissen auch Luxusgüter für die geistliche und weltliche Obrigkeit, die zum Beispiel Rheinwein aus Kölner Keramikkrügen sehr zu schätzen wußte.

Als einzigartiger Bund reisender Händler und Kaufleute hat die Hanse – allen gewaltigen politischen Veränderungen zum Trotz – fünf Jahrhunderte überdauert. Im 20. Jahrhundert fällt es allerdings schwer, sich Soest als eine vom Geist hanseatischen Denkens und Handelns geprägte Stadt vorzustellen. Ein schwacher Abglanz schimmert in der Wiederbelebung traditionsreicher Verbindungen zu alten Hansestädten auf kulturellem Gebiet. Herzliche Verbindungen bestehen zum Beispiel zu der Ostseeinsel Gotland, die der Soester aber nicht mehr als Vertreter kaufmännischer Interessen besucht, sondern neugierig als Tourist – als ob in der Marienkirche von Wisby immer noch der Schatz der Hanse aufbewahrt sein könnte.

Einst wurde er in der dort aufgestellten Peterskiste gelagert, die mit vier schweren Schlüsseln versperrt war. Wisby, Lübeck, Dortmund und Soest – jede Stadt hatte einen davon in Verwahrung. Die Soester hüteten ihren Schlüssel als Faustpfand zu Wohlstand und Ansehen und brachten ihn – von Fußsoldaten und Bogenschützen begleitet – pünktlich zu den jährlich durchgeführten Hansetagen mit. Ihr Wort galt dort etwas, und zuverlässig wurden alle mündlich und schriftlich getroffenen Vereinbarungen eingehalten. Zu Hause im westfälischen Raum konnten sich vierzehn weitere Städte darauf verlassen, daß die Soester auf den Hansetagen uneigennützig auch ihre Interessen vertraten.

Im übrigen hielt man sich, klug und geschickt taktierend, weitgehend aus allen Streitereien und Kleinkriegen innerhalb der Hanse heraus. Mit Gelassenheit nahm man es hin, daß in den turbulenten Zeiten der Soester Fehde der Stadt mit dem Ausschluß aus dem Hansebund gedroht wurde, während das mächtige Köln später mit Demutsbezeugungen das Diktat der übrigen Hansestädte annahm, um nicht länger „verhanst“ (ausgeschlossen) bleiben zu müssen.

Auf dem letzten Hansetag im Jahr 1669 waren die Soester allerdings nicht mehr vertreten. Zu lange hatten Soldaten in den verschiedensten Uniformen während des nicht enden wollenden Dreißigjährigen Krieges in der Stadt gehaust. Zuvor schon hatte die übermütige Lösung von der Mutterstadt Köln und die Anbindung an das Herzogtum Cleve-Mark Soest zwar einen größeren politischen Handlungsraum verschafft, dafür aber seine Wirtschaftskraft geschwächt und die Stadtkasse geleert.

Die Soester besannen sich auf die Tugend der Genügsamkeit, beschränkten sich auf ihre Selbstversorgung, schnallten den Gürtel enger und kümmerten sich nur noch um ihr tägliches Brot. Die Ackerbürger bestimmten seitdem den Ton der Stadt, und noch zu Beginn dieses Jahrhunderts lebten gut 20 000 Einwohner einträchtig mit 400 Pferden, 300 Ziegen, 2 000 Schweinen und 16 000 Stück Federvieh zusammen, häufig sogar noch friedlich unter einem Dach.

Aus dem heutigen Kultur- und Verkehrsamt rannten damals Gänse und Hühner zum Großen Teich; unbeaufsichtigt liefen Schweine und Kühe durch die Straßen, scheuerten sich an der Tür der Nicolai-Kapelle den Mist vom Rücken und versperrten quiekend und blökend den Besuchern auf der einstmals so bedeutenden Handels- und Verkehrsstraße den Weg.

Das Stadtjägerhaus

Soest mit Worten beschrieben und in Farben gemalt

„... Standen die Kruken mit Apfelkraut oder Pflaumenmus sorgsam zugebunden im Keller, dann war es nicht mehr weit bis zum Allerheiligenmarkt ... Er bringt nicht nur das ganze Land Westfalen auf die Beine, das inzwischen häufiger Gast dieser besonderen Stadt ist, nein, der Allerheiligenmarkt ist mehr. Sein Auftakt, sein Wirbel, seine Buntheit gleicht einer Explosion, die sich innerhalb der Stadt, innerhalb ihrer Mauern und Wälle, ja mitten im Herzen aller Soester vollzieht ...

Es ist, als brenne das Pflaster der alten Stadt, roter Feuerschein streift die Mauern von St. Patrokli, mit bunten Lichtkränzen dreht sich das Rad der russischen Luftschaukel vor den Mauerbrüsten von St. Petri. Die Häuser sind gastlich geöffnet, Lachen fegt um die Wände, das ein Mietshaus von heute glatt umwerfen würde, aber die Soester Mauern halten es aus. So saftig wie der Schinken, der zwischendurch zum Wacholderschnaps gegessen wird, sind auch die Späße, die auf die Eichentische knallen und mit dröhnendem Faustschlag besiegelt werden ..."

Die Journalistin und Schriftstellerin Ilse Molzahn erinnerte sich in ihrer Erzählung „Das Soester Jahr" an ihre zeitweise in Soest verbrachte Jugendzeit und beschrieb mit diesen Worten ihre Eindrücke von der Allerheiligenkirmes.

Jedes Jahr bricht Anfang November in Soest die „fünfte Jahreszeit“ aus. Von Mittwoch bis Sonntag steht die Zeit still, dreht sich das Leben innerhalb der Stadtwälle im Takt des Riesenrades um die Allerheiligenkirmes, traditionsreicher Jahrmarkt und Volksbelustigung seit über sechshundert Jahren. Im weiten Umkreis ist „dem Soester seine Kirmes“ berühmt.

Die ganze Innenstadt ist auf den Kopf gestellt, um den jedes Jahr zurückkehrenden Schaustellern ihre angestammten Plätze einzuräumen. Geburtstag und Weihnachten fallen für Soester Kinder da auf einen Tag. Ehemalige Soester, die sich irgendwo in der weiten Welt zufällig begegnen, verabreden sich zu einem nächsten Wiedersehen in diesem Leben auf der Kirmes.

Für diesen Jahrmarktsrummel rührt das „Jägerken von Soest“ die Werbetrommel. Es prangt überall auf Plakaten und Prospekten im feldgrünen Wams mit weißem Spitzenkragen, polierten Stulpenstiefeln, fröhlich, rund und wohlgenährt.

Der freundlich blickende, fein herausgeputzte Soldat aus dem Dreißigjährigen Krieg, der werbewirksam zu friedlich lärmendem bunten Treiben einlädt, ist der Simplicius Simplicissimus aus dem gleichnamigen Schelmenroman von Hans Jakob von Grimmelshausen. Der Dichter aus der Barockzeit hat sich vermutlich selbst am Schauplatz des abenteuerlichen Lebens seines Romanhelden umgesehen. Er ließ ihn eine Zeitlang in Soest und Umgebung sein Unwesen treiben,

ANN DOM
1574

gefürchtet als Teufelskerl, verlacht als Prahlhans und Aufschneider, der im Kloster Paradiese bei Soest angeblich paradiesische Zustände vorgefunden haben will – das gute Leben in Saus und Braus entsprang wohl mehr einer blühenden Phantasie als den historischen Tatsachen. Im Geiste sah sich Grimmelshausen selbst auf schnellem Pferd mit großkalibriger Feuerbüchse von Soest nach Lippstadt sprengen, unterwegs sich an Beutezügen beteiligen, dem Pfarrer den Speck und dem Bauern den noch warmen Pumpernickel aus dem Backofen stehlen.

Diese wortreichen Schilderungen haben mehr dem Wunschdenken des Autors als der historischen Wirklichkeit entsprochen, denn damals waren die Stadt und die Soester Börde durch ununterbrochene Besatzungen wechselnder Truppenverbände, durch Plünderungen und horrende Kriegskontributionen – freiwillig erbracht oder gewaltsam abgepreßt – ausgeblutet und verarmt.

Bereits in der ersten Hälfte des 17. Jahrhunderts stand gegenüber der Wittekindsmauer – trauriger Überrest der ersten zum Schutz des Hellwegs errichteten Soester Pfalz – das sogenannte Stadtjägerhaus, Wohnsitz des amtlich bestellten Soester Stadtjägers. Die reichgeschnitzte Renaissancefassade des zweigeschossigen Fachwerkhauses begrenzt den Petrikirchhof. Seine massiven Grundmauern – zum Teil noch aus romanischer Zeit – gehörten in ihren Fundamenten möglicherweise zu der alten Pfalzanlage.

In diesem Stadtjägerhaus, wegen der in den Zierschnitzereien abgebildeten Hirsche auch als „Haus zum Herten“ bezeichnet, soll angeblich auch einmal das „hochgemute Jägerken von Soest“ sein Stadtquartier bezogen haben. Vielleicht hat der „seltsame Springinsfeld" dort sein müdes Haupt in einer Schlafstube zur Ruhe gebettet, die gut zweihundert Jahre später dem deutsch-amerikanischen Staatsmann Carl Schurz als Notquartier gedient haben soll. Nach der 1848er Revolution fand er im Jahr 1852 dort für eine Nacht Unterschlupf, setzte am nächsten Tag seine Flucht nach Amerika fort und stand Abraham Lincoln bei, Präsident der Vereinigten Staaten zu werden.

Geschichten und Histörchen nisten in dem alten Fachwerkgebälk, errichtet „ANNO DOM. 1574." Zur Kirmeszeit, im windschnittigen Karussellwagen festgeklammert, meint man, es bei jeder atemberaubend schnellen Umdrehung mit ausgestreckten Fingerspitzen berühren zu können.

Fremde Schriftsteller und Poeten haben Soest schon früh als Schauplatz heiterer oder dramatischer Ereignisse entdeckt und geschildert. In der Stadt selbst fanden sich erst relativ spät eigene Stimmen, die der „Ehrenreichen" Eingang in die Literatur verschafften, obwohl sie schon seit frühen Tagen in aller Munde war. Es war das Wort des Kaufmanns, das in der Welt galt.

Im 13. Jahrhundert hatte die Stadt ihre wirtschaftliche und kulturelle Blütezeit erreicht. Innerhalb ihrer durch hohe Mauern geschützten Welt lebten die Soester abgeschirmt, aber nicht hinter dem Mond. Im dichtbebauten Stadtgefüge herrschte eine geschäftige Unruhe, ein ständiges Kommen und Gehen.

Der umtriebige Geschäftssinn reicher Hanse-Kaufleute hielt sich nicht mit der Niederschrift erbaulicher Lektüre auf, er formulierte lieber Handelsverträge. Dazu bedurfte es auch klarer Rechtsvorschriften. Im Jahr 1315 wurde das sogenannte „Nequambuch" angelegt – heute das wohl wertvollste Dokument in der Fülle der im Soester Stadtarchiv aufbewahrten Urkunden. Bis zum Jahr 1421 ließen die Soester Ratsherren dort alle „Nichtsnutze" namentlich eintragen, die geächtet, der Stadt verwiesen oder für immer verbannt waren. Dieses Nequambuch ist auch die erste Fahndungsliste, in der Räuber und Diebe verzeichnet wurden, deren man nicht hatte habhaft werden können.

Eingefügt wurden außerdem die Erklärungen derer, die, mit Schimpf und Schande aus der Stadt vertrieben, sich schriftlich verpflichten mußten, in der Fremde nichts Nachteiliges gegen Soest zu unternehmen, auch sich nicht an den Richtern zu rächen, die ihren Schuldspruch gefällt hatten.

Der nüchterne Text wurde zum besseren Verständnis der Bevölkerung mit dreizehn anschaulichen Miniaturen versehen, die, sorgfältig ausgemalt, kunstfertig die verschiedenen Verbrechen, den Richterspruch und die verhängten Strafen darstellen. Bürgersinn, Kaufmannsgeist und Richterspruch füllten ein dickes Buch – heute eine kostbare Archivalie, aber wohl kein Dokument unsterblicher Literatur.

Für die Reize der Poesie war man im alten Soest nicht sehr aufgeschlossen und empfänglich. So gehört auch leider der angeblich erste Nachweis eigenständiger Soester Dichtkunst, eine sachlich-beschauliche Abhandlung über den Klostergarten, verfaßt von dem Dominikanermönch Albertus Magnus (eigentlich Albert Graf von Bollstädt;

1193–1280) in das Reich der Phantasie oder der frommen Legende. Albertus Magnus war Professor in Paris, Gründer der Ordensuniversität in Köln, Prior der Dominikanerprovinz Teutonia, Bischof von Regensburg, Kreuzzugsprediger und Wissenschaftler. Er ist hauptsächlich in amtlicher Funktion mit dem Soester Dominikanerkloster in Verbindung getreten; das gilt auch für die Gründung des Klosters Paradiese bei Soest.

Das literarische Werk eines Johann von Soest (1448–1506) kann gleichfalls nicht als Ruhmesblatt für eine eigenständige Soester Dichtung herangezogen werden. Er verbrachte nur wenige Jugendjahre in der Stadt, war bis zum Jahr 1460 Chorschüler in St. Patrokli, wurde dann von Herzog Johann von Cleve als „Sänger" entdeckt, studierte später Medizin und wurde Stadtarzt in Worms und Frankfurt. Seinen Ritterroman in Versen „Die Kinder von Limburg" schrieb er nach einer mittelniederländischen Vorlage als Auftragsarbeit des Kurfürsten von der Pfalz in Heidelberg. Johann Steinwert de Susato gehört also zu den aus Soest „abgewanderten Westfalen".

Hinter dem Pseudonym des Daniel von Soest versteckte sich zwar ein Sohn der Stadt – nach neuesten Forschungsergebnissen der Minoriten-Frater Patroklus Boeckmann aus der Familie Pelzer –, aber auch er schrieb während der Reformationszeit keinen größeren Roman, sondern nur satirische Gedichte über damals aktuelle Tagesereignisse. Da diese angeblich von Soests berühmtestem Kupferstecher Heinrich Aldegrever illustriert sein sollen, wurden sie der Nachwelt umso wertvoller. Aldegrever aber war ein Wegbereiter der Reformation in Soest und dürfte daher schwerlich antireformatorische Satiren mit seinen Radierungen bereichert haben.

Es mußten weitere dreihundert Jahre vergehen, bis Ferdinand Freiligrath der Stadt seiner Jugend ein literarisches Denkmal setzte. Er verbrachte sie in einem der schönsten – heute nach ihm benannten – Soester Fachwerkhäuser, dem Haus „Zur Rose". Der Dichter distanzierte sich zwar später von seinen lokalpatriotisch gefärbten literarischen „Jugendsünden", ließ sie aber dennoch in einer posthum erschienenen Gesamtausgabe seiner Werke aufnehmen:

„Da liegt sie, finster, mit Türmen und Wall,
die mich lehren soll den Erwerb.
Die mich grämlich sperrt in der Prosa Stall,
Und Dichten heißt Zeitverderb . . ."

Was sich so „in der Abendsonne Brand" vor ihm ausbreitete, war die Stadt Soest, und in diesen Versen, eingefügt in seine visionäre Ballade von der „Schlacht am Birkenbaum", hatte der junge Ferdinand Freiligrath seinem Unmut Luft verschafft. Der „wohlachtbare" Kaufmann Schwollmann hatte als Lehrherr immer wieder versucht, Freiligraths poetischen Höhenflug zu bremsen. Verhindert hat er weder dessen „Hymnus auf den Schiefen Turm von Soest", den er dem Domküster von Pisa und den schönsten Bewohnerinnen von Soest widmete, noch ein Loblied auf den Kattenturm oder einen balladenhaften Gesang auf das Nöttentor, das er mit der Nibelungensage in Verbindung brachte. Auch den Großen Teich hat Freiligrath bedichtet und ihn kühn mit dem Genfer See in Verbindung gebracht.

So weit ist keiner der vielen, meist zu Lebzeiten bereits wieder in Vergessenheit geratenen Soester Heimatdichter gegangen. Für Vertreter des öffentlichen Lebens, Bürgermeister, pensionierte Lehrer und

Pfarrer, auch Soesterinnen, die sich zeitlebens als Töchter der Stadt fühlten, war und ist die Stadt ein fruchtbarer Nährboden für ihre Schriftstellerei. Der Soester Studienrat Paul Spruth hat den Großen Teich so gesehen:

„Du grünes Auge dieser alten Stadt,
aus deiner Tiefe steigen warme Quellen,
die deine Spiegelfläche leicht zerwellen,
und Strudel ziehen wie ein fallend Blatt.

Doch manchmal klärt sich die bewegte Flut,
sie wird zu Samt, der gegen Abend glänzt.
Du gibst zurück, von Silbergrün bekränzt,
das Bild der Stadt, es atmet – und es ruht.

Hier war der Anfang aller Taten und Mühen
mit wenig Dächern, die jetzt rot erglühen,
wo Turm an Turm sich aus den Gründen hebt.

Der Himmel läßt die Wolken sieghaft brennen,
und schöner kann sich keine Stadt erkennen
als hier die deine, wenn sie in dir lebt.“

Soest war und ist – wie könnte es anders sein – nicht nur eine Quelle der Inspiration für Wortmalerei, sondern seit jeher auch eine verführerische und farbenprächtige Palette für Maler und solche, die sehenden Auges durch den „malerischen“ Ort streifen. Unübersehbar auf Schritt und Tritt, aus immer neuen Blickwinkeln mit reizvoll verschobener Perspektive: die Türme der Stadt, zu allen Zeiten auf die Leinwand gebannt oder in Platten geritzt.

Den Luftraum beherrschend glänzt der Helm des mächtigen Turmes von St. Patrokli im Sonnenschein wie flüssiges Blei. Aber meist ist der Himmel über der Soester Börde bedeckt und wolkenschwer verhangen – dann nimmt der Belfried-Helm dessen bleigraue Farbe an. Unter der himmlischen Wolkenlast ducken sich die aus wechselnden Stilepochen gewachsenen Türme von St. Petri und St. Maria zur Höhe tiefer hinunter in die Stadt, tragen ihre barocken Zwiebeldächer wie plustrige Pudelmützen. Eitel setzt sich der windschnittig schief gebaute Turm von Alt-St.-Thomä den wechselnden Winden aus. Entgegengesetzt behauptet sich der vierschrötige Turm von St. Pauli, und die schlanken, schmalen Türme von St. Maria zur Wiese ragen wie himmlische Wegweiser in die Höhe.

Um die Jahrhundertwende kamen farbtrunkene Maler aus allen Teilen Deutschlands auch nach Soest: Emil Nolde, Christian Rohlfs, Karl Schmidt-Rottluff, um nur einige namentlich zu erwähnen, hielten mit schnellen Pinselstrichen und leuchtenden Farben Soester Impressionen fest. Sie kamen nicht etwa, um das Mittelalter in Soest zu restaurieren, nicht als Schwärmer für das Gewesene, sondern als Sucher einer neuen Tradition.

Das anbrechende Zeitalter einer nicht mehr überwiegend sakral geprägten jungen Soester Kunst repräsentierte ein künstlerisches Dreigestirn: die Maler Wilhelm Morgner, Eberhard Viegener und der Bildhauer Wilhelm Wulff. Zur zweiten Generation gehören Walter Schöttler, ein reisefroher, mitunter fast modischer Maler, der energiegeladene Paul Werth und Fritz Viegener, der die alte Soester Schnitzkultur fortsetzte. Anderen wurde es in der Stadt zu eng, und sie ließen sich in einem verwunschenen Dorf am Möhnesee nieder, wo der Maler und Graphiker Hermann Kätelhön eine Kupferdruckerei gründete. Erst nach seinem Tod im Jahre 1940 wurde seine „Wameler Idee“ verwirklicht. In Zusammenarbeit der Soester Kreisverwaltung mit der Aldegrever-Gesellschaft wurde das Künstlerdorf Wamel gegründet, in dem heimische und auswärtige Künstler Gelegenheit haben, in enger Verbundenheit mit der inzwischen von Henner Kätelhön geleiteten Kupferdruck-Werkstätte, eine Zeitlang zu leben und zu arbeiten. Einige von ihnen hielten der „Wameler Idee“ die Treue, so der Maler Hermann Prüßmann und der Bildhauer Robert Ittermann.

Eine ungenannte Zahl begeisterter Freizeit- und Hobbykünstler versucht sich noch immer an der Perspektive der Türme von Soest. Sie zeichnen und malen auch einzelne, exemplarisch schöne, Fachwerkhäuser im Gewirr verträumter, krummer Gassen – ein naiv buntes mittelalterliches Märchenbild, das der Soester Wirklichkeit nicht mehr ganz entspricht.

Jedes Jahr fertigen ungelenke Kinderhände unbeholfene Bilder von der Soester Kirmes an, die nur Sammlerwert für den Beschenkten haben. Wer in Soest Kunst sammelt und damit handelt, bewegt sich auf einem schwierigen Pflaster, denn meistens fragt der Soester zuerst nach dem Preis und macht sich dann erst seine Gedanken über den Wert und die Schönheit eines Bildes.

Am Markt

Üb' immer Treu und Redlichkeit

An drei Tagen in der Woche errichten die Bauern aus der Soester Börde und fliegende Händler ihre Verkaufsstände und halten den Wochenmarkt ab. Vor den Arkaden des Patrokli-Doms, unter den Rathausbögen entlang bis zum „Vreithof" – einer der ältesten Soester Wegbezeichnungen – werden dienstags, donnerstags und am Sonnabend leicht verderbliche, aber auch dauerhaft beständige Waren angeboten: Rosen, Lauchgemüse, Kräuterbonbons, exotische Früchte, Grünkohl, dazwischen Wollsocken und stattliche Miederkorsettagen.

Der erste Marktplatz rund um die Petri-Kirche, die „alde Kerke", war schon im 12. Jahrhundert zu klein geworden, nicht nur in den Tagen der Allerheiligenkirmes, die sich, gewachsen aus über sechshundertjähriger Tradition, längst in der ganzen Innenstadt ausbreiten darf und sie an fünf Tagen im Jahr in einen bunten Jahrmarkt verwandelt.

Auf dem noch heute so genannten „Marktplatz" baute man, wie es sich gehörte, zuerst eine entsprechende Marktkirche, St. Georgii, die man bereits im Jahr 1180 als „nieuwe Kerke" bezeichnete. Ihr gegenüber wurde das damals dringend benötigte Versammlungshaus der

Handwerker und Gewerbetreibenden errichtet. Dort mußten die Tuchfärber, Schmiede, Lohgerber, Schuhmacher, Schneider und Kürschner jeweils eine Arbeitsprobe abliefern. Im „Stalgadum“ erhielten sie den begehrten Soester Stempel als Gütesiegel, der ihre Waren auf internationalen Handelsplätzen kenntlich machte und auszeichnete. Das Stalgadum – wie der aus der Geschichte der Hanse bekannte „Stalhof“ in London – bezeichnet dem Wortsinn nach eine Probe (Stal) und ein Gemach oder Haus (Gadum). Im Lauf der Jahrhunderte änderte sich diese ursprüngliche Bedeutung, und man verstand darunter nun ein Gesellschaftshaus. In Soest befand es sich auf der südlichen Marktplatzanlage. Im 17. Jahrhundert wurde es durch ein Feuer zerstört und als „langes Gebäude“ neu errichtet.

Damals standen den Soestern schlechte Zeiten bevor. Der Umsatz ihrer Handelswaren ging so beträchtlich zurück, daß die städtischen Waagen kaum mehr etwas auszuwiegen hatten. Nachdem man gerade die Schäden des Dreißigjährigen Krieges beseitigt hatte, brachte gut hundert Jahre später der Siebenjährige Krieg (1756-1763) die Stadt wieder an den Rand des wirtschaftlichen Ruins. Fremde Truppen lagen in den Quartieren und hausten in den städtischen Amtsstuben.

In friedlicheren Tagen diente das Stalgadum als Amtsgericht. Nachdem im Jahr 1751 der Preußenkönig Friedrich der Große durch einen einzigen Erlaß souverän die fast fünfhundert Jahre in Kraft gebliebene Verfassung der Stadt Soest aufgehoben hatte, wurde das Gebäude zum Sitz des königlich-preußischen Land- und Stadtgerichts erklärt. Nach erneuten Brandschäden wurde es schließlich im Jahr 1887 abgebrochen.

Heute stehen an dieser Stelle nach dem Krieg neugebaute mehrstökkige Giebelhäuser, deren Anblick – in Erinnerung an den ehemaligen Markt und angesichts der gegenüberliegenden romantischen Fachwerkhausfassaden – wehmütig stimmt. So ist der Soester Marktplatz heute zwar keine vollkommene, wohl aber charakteristische Visitenkarte der Stadt. Die Soester Gastronomie bemüht sich inzwischen, einen ungestörten und angenehmen Aufenthaltsort für eine zwanglose Begegnung unter freiem Himmel zu schaffen.

Auf der vom Marktplatz abzweigenden Brüderstraße begegnet man heute weder den „wilden Männern", die einem der schönsten Fachwerkhäuser ihren Namen gegeben haben, noch frommen Brüdern. In der inzwischen verkehrsberuhigten Einkaufszone erinnert jeweils zur vollen Stunde ein helles Glockenspiel die Geschäftsführer der zahlreichen Ladenketten an den alten Grundsatz einstiger Hanse-Kaufleute: „Üb immer Treu und Redlichkeit . . ."

Die Zeiten, in denen im Stalgadum Soester Waren zum Zeichen ihrer Echtheit gewogen, geprüft und gestempelt wurden, sind ein für allemal vorbei. Nach wie vor aber kann man in Soest „reell" einkaufen. Mehr sein als scheinen ist Soester Art geblieben.

Im Verlauf einer ebenso glanzvollen wie elenden Vergangenheit haben die Bürger gelernt, sich zeitbedingten Veränderungen anzupassen, sich gleichzeitig aber eine beharrliche Querköpfigkeit bewahrt, die man auch als Selbstbewußtsein bezeichnen kann.

Heutzutage wird überkommenes Kulturgut nicht mehr wie ein lästiges Übel abgerissen, sondern liebevoll erhalten und gepflegt, auch wenn man dabei unter der Last der Verantwortung stöhnt. Selbst wenn in der Stadt etwas total „verbaut“ ist, steht der Soester widerwillig dazu. Manch häßliche Bausünde aus entbehrungsreichen Tagen eines notwendig hastigen Wiederaufbaus der Stadt nach dem letzten Weltkrieg wird standhaft als Mahnung hingenommen, es heute besser zu machen. Behutsam versucht man, das Stadtbild zu harmonisieren. Sichtbares Mittelalter in Form eines der ältesten europäischen steinernen Wohnhäuser aus romanischer Zeit muß sich demnach mit neuzeitlichen Sichtbetonburgen vertragen.

Noch ist die Frage, welches Bauwerk aus dem 20. Jahrhundert kommende Generationen zu Begeisterungsstürmen hinreißen wird, nicht zu beantworten. Vielleicht werden es die zu Anfang dieses Jahrhunderts von dem bekannten Architekten Bruno Paul gebauten Stadthäuser sein. In einem der drei konnte man noch vor wenigen Jahren mit einer bezaubernden alten Dame vor dem brennenden Kamin eine stilvolle Teestunde erleben. Inzwischen hat in diesen privilegierten Räumen das Soester Kreisarchiv sein Domizil gefunden. Auch andere einst hochherrschaftliche Wohnsitze sind heute in öffentlicher Hand und jedermann zugänglich. Im geräumigen Patrizierhaus „Zum Spiegel“ ist das Stadtarchiv mit seinen kostbaren Beständen untergebracht. Die Räumlichkeiten des großzügigen Fachwerkhauses der Familie Bergenthal dienen als Sitz der städtischen Volkshochschule. Der aus dem 13. Jahrhundert stammende „Lohof“ beherbergt als Burghof-Museum die Soester Museumsbestände.

Malerische Scheunen sind begehrte Ateliers für in Soest ansässige Künstler. Zwei von ihnen teilten zunächst die biblische Erfahrung, daß der Prophet nichts im eigenen Land gilt. Im Fachwerkbau im

Bergenthalpark lebte das „Universalgenie“ Hugo Kükelhaus – Handwerker, Künstler, Philosoph in einer Person. Seine Impulse wurden im In- und Ausland bereits empfangen und verstanden, während sie an den grünen Sandsteinmauern seiner Wahlheimat noch ungehört abprallten.

Auch dem Maler Hans Kaiser wurde in Soest zunächst nicht die Bedeutung zuteil, die ihm zustand. Nur die von ihm meisterhaft beherrschte Glaskunst fand schon früh ihren sichtbaren Ausdruck im Patrokli-Dom: im Tauf- und Schöpfungsfenster der Turmhalle sowie in den Fenstern der Chorkrypta. Aber noch vor ihrem Tod vor wenigen Jahren wurden Hugo Kükelhaus und Hans Kaiser in Ausstellungen mit einer breiten Retrospektive ihres Lebenswerkes gewürdigt.

Hinter mehr als fünfzig schön verzierten Türen mit alten polierten Messinggriffen lebt der Soester gern für sich, geht sorglos, wenn auch nicht unbekümmert mit der ihn umgebenden ehrwürdigen Vergangenheit um. Auswärtigen Besuchern erklärt er mit knappen Worten, aber nicht ohne Besitzerstolz, daß in seiner Vaterstadt jede aufzuweisende Sehenswürdigkeit entweder ganz besonders alt, einfach wunderschön oder wenigstens höchst originell sei.

My is en Vensterken worden kunt,
darut so blicket en roder Munt,
des leve ik in Hopen;
darumme so bin ik ser gewunt,
dat ik bin syk.

Mochte ik in Leves Arme liggen,
so en schade my nicht myn Truren,
myn Leve lef, so menne ik dy,
wanner myn Herte im Grave lyt,
so denkt et an dy.

Ein Soester Minnelied
15. Jahrhundert

Anonym

Am Osthofentor

Die Soester Fehde oder die Reize der Soesterinnen

Zehn Stadttore und sechsundzwanzig Wehrtürme gliederten einst die mächtige Befestigung rund um die Stadt Soest. Man hatte sie mit Rat und Tat des Kölner Erzbischofs Philipp von Heinsberg im Verlauf des 12. Jahrhunderts errichtet, als es galt, das kölnische Soest als kostbare weltliche Pfründe zu sichern. Schon der bloße Anblick der doppelten Wallmauern sollte feindliche Heere abschrecken und in den Belagerern jene Ohnmachtsgefühle auslösen, die die ebenso friedliebenden wie klug taktierenden Soester dann geschickt ausnutzten, um sich freizukaufen.

Zwar saß den Soestern auch damals das Geld nicht locker in den Taschen, aber es herrschte ein gewisser Wohlstand in der Stadt, der sich in einer regen Bautätigkeit zeigte. Fromm war man in jenen Tagen auch; an die Stadttore wurden jeweils Kapellen angebaut, und Pilger oder Reisende kamen beim Betreten oder Verlassen der Stadt an reichlich vorhandenen Beichtgelegenheiten vorbei. Durch Geständnisse oder Spenden konnte jeder sein Gewissen erleichtern.

Hoch zu Roß zogen in langer Folge die Kölner Erzbischöfe in die Stadt ein und nahmen gnädig die Huldigungen der Soester Bürger entgegen. Heute kommt niemand mehr durch ein Triumphtor in die Stadt. Selbst eine so hochgestellte Persönlichkeit wie die englische Königin stieg am Soester Bahnhof aus und setzte dabei ihren Fuß lediglich auf den ehrerbietig ausgerollten roten Teppich.

Schon im 19. Jahrhundert hatte Soest keinen Anlaß mehr, gekrönte Häupter mit Glanz und Gloria feierlich in seinen Mauern willkommen zu heißen. In der zu einer preußischen Provinzstadt herabgesunkenen, einst ehrenreichen Königin der westfälischen Städte herrschte Abbruchstimmung: Die Soester trennten sich rücksichtslos vom baulich verfallenen Ballast ihrer ruhmreichen Vergangenheit. Ohne einen Gedanken an ihr traditionsreiches Erbe zu verschwenden, wurden nacheinander Türme, Tore, Kirchen und Klöster abgebrochen.

Ungeniert annoncierte das Presbyterium der Alt-St.Thomäkirche am 4. November 1864 in der örtlichen Tageszeitung, daß nachmittags um 2.00 Uhr ihre Kirche an Ort und Stelle zum Abbruch zu verkaufen sei. Anscheinend fand sich damals kein Käufer, denn die Kirche mit dem „Schiefen Turm“ steht immer noch an ihrem Platz.

Die Stadt glich einem riesigen Schutthaufen. Einst durch fromme Baumeister sorgfältig behauene grüne Sandsteinblöcke türmten sich auf den Marktplätzen oder blieben als Trümmer liegen. Das hatte in einem Fall ungeahnte Folgen: Im Jahr 1817 hatte man die große Krypta des Patrokli-Doms gesprengt, um den Chorraum tiefer zu legen. Den Schutt ließ man einfach liegen, ohne zu ahnen, daß dadurch einmal eine der größten westfälischen Krypten im Bombenhagel des Zweiten Weltkrieges vor dem Einsturz bewahrt würde.

Sparsame Lebensführung hat den Soester zu jeder Zeit ausgezeichnet; er läßt nicht gern etwas umkommen. So fanden die original grünen Sandsteine praktische Wiederverwendung beim Bau der Keller und Fundamente von Wohnhäusern, grenzten, schon bald efeuberankt, als hohe Mauern Grundstücke und Gärten ein und stützten mit Kletterpflanzen bewachsene Balkone und Wintergärten.

Das mittelalterliche Stadtbild, das einem grün schillernden steinernen Meer geglichen hatte, veränderte sich in der Gründerzeit und geriet in Bewegung. Fortschrittsgläubige Bürger bauten sich vor den Stadttoren großzügige Villen, die sie am Sonntagnachmittag fein herausgeputzt verließen, um den obligatorischen Spaziergang über die Wälle anzutreten.

Die schützende Funktion der ehemaligen Stadttore haben heute die Verkehrsampeln übernommen. Nur das Osthofentor ist erhalten geblieben. Weitblickende Überlegung der Soester und die stabile Bausubstanz haben es vor rigorosen Abbruchmaßnahmen bewahrt, und so bewacht es – obwohl seiner ursprünglichen Funktion beraubt – noch immer einen der vielen Wege nach Soest. Die Tordurchfahrt mit ihrem freundlichen spätgotischen Kreuzgewölbe wird nur noch von Fußgängern benutzt; auf den zierlichen Erkern und dem heute ungefährlichen Plumpsklo in der Außenwand nisten friedlich die Tauben. Hinter schmalen Schießscharten werden Tausende von dekorativ gestapelten Armbrust-Pfeilen aufbewahrt. Die Soester hatten sie ausschließlich zu Verteidigungszwecken angefertigt, als ihnen der Schreck über eine jahrelange feindliche Belagerung noch in den Gliedern steckte – um ein Haar hätte sie mit der Eroberung geendet.

In der berühmt gewordenen Fehde (1444-1449) hat zuletzt nur das Glück den Soestern ihren Sieg auf der ganzen Länge ihrer Verteidigungswälle beschert. Einstmals großzügig mit Kölner Hilfe errichtet, erwiesen die Befestigungen sich jetzt als uneinnehmbar für den Kölner Erzbischof.

Jahrhundertelang hatte das „geliebte" Soest von dem Kölner Protektorat profitiert und sich pragmatisch entschieden, lieber die Hauptstadt des kurkölnischen Westfalens zu bleiben als die Würde einer freien Reichsstadt anzunehmen – mit der unsicheren Bürde, sich damit dem undurchsichtigen Wechselspiel der großen Reichspolitik auszusetzen. Geschickt hatten sich die Ratsherren durch alle machtpolitischen Kämpfe rund um ihr angestammtes Territorium in der Soester Börde hindurchlaviert. Wach und aufmerksam, aber zurückhaltend verfolgte man die Machtkämpfe zwischen Staat und Kirche von der Weser bis zum Niederrhein.

Zu Beginn des 15. Jahrhunderts war die politische Lage in diesem Gebiet reichlich verworren. Darüber hinaus war es zwischen der Mutterstadt Köln und ihrem ungebärdigen Stadtkind Soest zu erheblichen Spannungen gekommen. Sie hatten sich daran entzündet, daß Soest seine privilegierten Freiheiten festzuhalten suchte gegen den Versuch des Kölner Erzbischofs, die Entwicklung der städtischen Autonomie zurückzuschrauben. Trotz des massiven Vorwurfs, sich unangemessene Vorrechte erschlichen zu haben, beteiligte sich Soest in noch ergebener Treue an der großen Koalition, die der Kölner Erzbischof Dietrich von Moers – weniger aus seeelsorgerlicher Fürsorge denn aus machtpolitischem Interesse – gegen das Herzogtum Cleve-Mark zustande gebracht hatte.

In diesen unübersichtlichen Kämpfen um territoriale Besitzansprüche hatte der Erzbischof sich von seinen Soestern „Einigkeit im Innern, Stärke nach außen und dankbare Anhänglichkeit an Köln" gewünscht. Um die Anhänglichkeit der Soester aber war es nicht mehr gut bestellt.

Widerborstig und eigensinnig hatte sich die Stadt zur selben Zeit bereits mit dem Hanse-Städtebund angelegt, als dieser es aus merkantilen Interessen für ratsam hielt, den Vertretern der Zünfte und Gilden in den städtischen Gremien weniger Macht einzuräumen. Das stolze Soest mit seiner selbstgewählten demokratischen Verfassung sah sich bereits drohender „Verhansung" ausgesetzt.

Das hinderte die Soester nicht daran, einen an sich harmlosen Streit als Vorwand zu benutzen, um ebenso machtbewußt wie treuherzig ihrem Kölner Erzbischof einen Brief zu schreiben, in dem sie sich mit dürren Worten von ihm lossagten, um sich ausgerechnet mit dessen Todfeind, dem Herzog Johann von Cleve, zu verbünden.

Das geltende Recht im Staate interessierte den Soester nur in dem Maße, als es sein „selbst erkorenes und geprüftes" Stadtrecht nicht beschränkte. Ein lakonischer Absagebrief sollte die Soester Fehde heraufbeschwören. Er beginnt mit den Worten:

„Wisset, hochgeborener Fürst, Herr Dietrich von Mörs, Erzbischof von Köln etc., daß wir Bürgermeister, Rat, Gilden, Ämter, Bruderschaften und ganze Gemeinde der Stadt Soest wollen Euch, Euren Landen, Leuten, Untertanen und allen denen, die Euch zu verteidigen bereitstehen, Feind sein und entsagen Euch und ihnen in und mittels dieses Briefes darum, weil wir den hochgeborenen unsern gnädigen lieben Jungherrn Johann, ältesten Sohn von Cleve und der Mark etc., lieber haben als Euch und die Euren und wollen dafür unsere Ehre gegen Euch und sie wahren . . .“

Der übersandte Fehdebrief endete mit dem sorgfältigen Vermerk: „Unser Stadt Secretsiegel auf den Rand dieses Briefes gedrückt im Jahre unseres Herrn 1444 am allernächsten Donnerstag nach St. Johannis des Täufers Tage seiner Geburt, genannt im Mitsommer.“ Der Brief hatte weitreichende Konsequenzen, die über die Bedeutung des Freiheitskampfes einer einzelnen Stadt gegen ihren Landesherrn weit hinausgingen.

Mit Gott und der Welt hatten sich die Soester angelegt. Zornig beantragte Erzbischof Dietrich von Moers die kaiserliche Reichsacht gegen die abtrünnige Stadt, sammelte gleichzeitig seine Truppen, beschränkte sich aber zunächst darauf, im Umkreis von Soest ansässige Adlige entweder zum Kampf zu bitten oder mit Bestechungsgeldern zu kaufen. Vor den Toren der Stadt, in der er als dreifacher Herr aufgetreten war – als Grundherr, als Vertreter der kirchlichen Obrigkeit und als Landesfürst – erinnerte er sich mit Gram und Bitterkeit an einen seiner früheren Vorgänger, den Bischof Kunibert, der sich angeblich darauf berufen konnte, die Soester Königshöfe von dem Merowingerkönig Dagobert geschenkt bekommen zu haben. Seit jenen Tagen im 7. Jahrhundert rang das im Jahr 798 zum Erzbistum erhobene Köln gleichzeitig mit den Bischöfen von Paderborn und den Grafen von Arnsberg um die Vormachtstellung im westfälischen Herzogtum Sachsen und Engern. Zum ersten Mal hatten es die Soester gewagt, den Kölner Erzbischof im Stich zu lassen, und so kam es nach dem „Mitsommer" 1444 zu einem zermürbenden Stellungskrieg mit größeren Ausfällen und kleineren Scharmützeln. Dörfer wurden gebrandschatzt, Felder vor der Ernte verwüstet.

Stolz vermerkt der damalige Stadtschreiber Bartholomäus von der Lake in seinem penibel geführten Kriegstagebuch, daß die Soester bei ihrem ersten Ausfall nach Rüthen zwanzig Gefangene gemacht und außer Ackerpferden und Kühen auch Schweine und Schafe erbeutet hätten. Dennoch wurde mit jedem neuen Frühjahr die Versorgungslage schwieriger.

Die einst federführende mächtige Hansestadt beschränkte sich mehr und mehr auf einen örtlichen Tauschhandel mit den treu verbündeten Nachbarstädten Lippstadt und Hamm. Sie handelten in kleinen Mengen mit Getreide, Bier, Speck und Salz, um dafür Butter, Käse, Hering, Stockfisch, Wein, Hopfen, Kohle und Wolle zu tauschen.

1445, ein Jahr nach Ausbruch der Kämpfe, versuchten die Kölner, bei Meiningsen eine Entscheidung zu erzwingen. Gewissenhaft notierte der Chronist von der Lake damals: „Aber Gott, der die Seinen immer bewahrt, verlieh den Soestern Vernunft, daß sie zu Hause blieben . . ." Anscheinend haben sie erst noch von ihrem neuen Clever Verbündeten eine größere Lieferung Salpeter, Schwefel und Pulver abgewartet. Neu gestärkt, wagten sie im Herbst 1446 einen kühnen Ausfall nach Bittingen und kehrten mit reicher Beute zurück: Unter den 95 Gefangenen befanden sich 28 Ritter und fünf Bürgermeister. Einhundertdreißig gesattelte Pferde und erbeutete Harnische im Wert von 9 000 Gulden dürften die Lage der Soester, aber auch die der Gefangenen erleichtert haben. Als unnütze Esser blieben sie nur so lange in städtischer Verwahrung, bis sie gegen ein anständiges Lösegeld von 32 000 Gulden freigekauft wurden.

Im Sommer des folgenden Jahres aber waren die Soester wieder derart in Bedrängnis geraten, daß sie meinten, nur noch der Glaube an ihren Schutzpatron, den heiligen Patroklus, könne sie daraus retten. In einer feierlichen Prozession wurden seine Gebeine um die Mauern der Stadt getragen.

Aber jetzt konnte niemand mehr Dietrich von Moers daran hindern, in Sachsen und Böhmen ein 12 000 Mann starkes Söldnerheer anzuwerben, mit ihm vor die Tore von Soest zu marschieren und von dem im Handstreich eroberten Augustiner-Nonnenkloster St. Walburgis aus die Stadt mit schwerem Geschütz zu beschießen. Doch wie durch ein Wunder war drei Stunden später der bedrohliche Angriff abgewehrt.

Nicht etwa taktische Überlegenheit hatte die Soester vor Niederlage, Schmach und Plünderung bewahrt, sondern ein simpler Rechenfehler der feindlichen Truppenführer. Sie hatten sich in der Höhe der zu überwindenden Stadtmauern verschätzt und deshalb zu kurze Leitern anfertigen lassen. Und so schwebte der Feind auf halber Höhe nicht nur zwischen Himmel und Erde, sondern auch zwischen Sieg und Niederlage, bis er von oben schlagkräftig leiterabwärts befördert wurde. Im Eifer des Gefechtes traten sich die Soester dabei unentwegt gegenseitig auf die Füße.

Beim Läuten der Sturmglocke am 19. Juli 1447 besannen sich die Soester Ehefrauen auf die alte germanische Tugend, ihren kämpfenden Männern den Mut zu stärken. Sie eilten zu den häuslichen Herdstellen, brachten das Wasser zum Sieden, kehrten zum Kriegsschauplatz zurück und übergossen damit die feindlichen Soldaten. Voll Angst und Schrecken wurden die Leitern losgelassen – und in diesem Augenblick haben die Soesterinnen angeblich ihre gefährlichste Waffe eingesetzt. Wenn es auch nicht wahr sein mag, so ist es doch gut erfunden. Bis heute wird in Soest erzählt, daß man den panikartig in aufgelösten Reihen davonstürzenden Feind ein für allemal und für alle Zeiten allein dadurch in die Flucht geschlagen habe, daß sich die Soesterinnen mit entblößtem Hinterteil breit auf die Wallmauern gesetzt hätten – ein Anblick, der gleichermaßen furchteinflößend wie abschreckend gewesen sein soll.

Nach fünf langen entbehrungsreichen Kriegswintern waren aber ohnehin alle Beteiligten des Kampfes müde, und leere Kassen bei Freund und Feind führten zu mühsamen und zähen Friedensverhandlungen. Sie endeten schließlich im Maastricher Schiedsspruch vom 27. April 1449. An der Seite ihres neuen Verbündeten, des „lieben Jungherrn" Johann von Cleve, genannt der Schöne, hatte die Stadt Soest am Ende erfolgreich ihre verbrieften Rechte verteidigt. Zu einer weiteren Ehre gereichte es der „Ehrenreichen" , daß sie die erschrockenen und obendrein um ihren Sold geprellten Soldaten mit Speise und Trank versorgte, bis diese am 21. Juli 1447 in ihre weitentfernten Heimatländer zurückkehrten.

Der Eindruck der Stadt im ganzen ist Licht: Weiß sind die meisten der dunkel umrandeten, mit roten Ziegeln bedachten Fachwerkhäuser, grünlich schimmert der Sandstein, aus dem die Steinbauten, namentlich die Kirchen, errichtet sind.

Ricarda Huch

Dieser grüne Stein von Soest, durch und durch grün, je tiefer verwittert, desto satter und herrlicher in der Farbe – am Turm von St. Paul erst kommt er zu seiner höchsten Schönheit. Als hätte die Natur dem menschlichen Mühen schon von selbst einen Stoff in die Hand gegeben, an dem nichts Oberfläche bleibt, nichts, was für bloße Zier und Verblendung taugt, sondern nur für das in sich Stehende, das Seiende.

Julius Overhoff

St. Pauli-Kirche

Die Reformation in Soest – „Mit Fried und Freud fahr ich dahin“

Fast hätte der Soester Bahnhof gegenüber der Pauli-Kirche gestanden; fragt sich nur, ob die Pauli-Kirche dann heute noch stünde.

Nach jahrhundertelangem Dornröschenschlaf in provinzieller Abgeschiedenheit erwachte die Stadt Soest in der Mitte des 19. Jahrhunderts wieder zu neuem Leben. „Das Wunder der Technik“, die Eisenbahnlinie Köln-Minden und weiter nach Thüringen und Sachsen hinein, führte an Soest vorbei. Die ersten Züge rollten seit dem Jahr 1850 durch die beschaulichen Soester Gärten, entlang der alten Stadtbefestigung.

Damals hatte man erwogen, die Eisenbahnschienen quer durch die Innenstadt zu verlegen und einen Bahnhof gegenüber der Pauli-Kirche zu bauen. Reisende wären in jenen Tagen mit der Reisetasche in der Hand vor der Soester Kirche gestanden, die mehr als die übrigen in ihrem gradlinigen, schwerfälligen Bau ohne Schnörkel und Zierart Soester Art und Wesen ausdrückt.

Weil Soest zum bedeutenden Verschiebe- und Ausgangsbahnhof für den Krieg im Osten wurde, legten alliierte Bomberverbände in der

Nacht vom 5. auf den 6. Dezember 1944 die Stadt in Schutt und Asche und zerstörten dabei mehr als die Hälfte des bis dahin weitgehend unversehrt gebliebenen mittelalterlichen Stadtkerns. Rund um den Bahnhof blieb kein Stein auf dem andern. Hätte die Pauli-Kirche am Bahnhof beziehungsweise der Bahnhof an der Pauli-Kirche gelegen, wäre sicher auch die Kirche im Bombenhagel untergegangen.

Wer sich heute vom Bahnhof aus durch das neue alte Soest zu einem Rundgang durch die Innenstadt aufmacht, verkraftet dabei meist nicht mehr als die Besichtigung von drei Kirchen, spart mit müden Füßen und satten Augen einen Gang durch die südlich gelegenen Gassen aus und läßt dabei die Pauli-Kirche links liegen. Behütet von mächtigen Baumkronen, führt sie in jeder Hinsicht ein wahres Schattendasein. Selbstverständlich ist auch sie auf romanischen Fundamenten errichtet worden. Wie aus der Erde gewachsen fügen sich die aus grünem Soester Sandstein gehauenen Quaderblöcke zu einem schweren, ernsten Bau zusammen. Die in der Mitte des 14. Jahrhunderts errichtete Hallenkirche ist ein gotisches Gotteshaus, obwohl ihr jede filigrane Leichtigkeit fehlt.

Bereits im Jahr 1229 wird die Pauli-Kirche in einer Urkunde Papst Gregors IX. erwähnt. Darin erläßt er die Weisung, die sechs Soester Pfarrkirchen, darunter auch die Bruderkirche zu St. Petri, die Pauli-Kirche, dem Patronat des Propstes von St. Patrokli zu unterstellen.

Ebenso nüchtern und karg wie der äußere Kirchenbau ist auch die innere Ausstattung des Raumes. Alteingesessene Patrizierfamilien hatten ihre erhöhten Kirchenbänke unter dem Orgelprospekt und befanden sich so mit den Pfarrern auf der Kanzel in Augenhöhe,

RÆ·OMNIBUS
ESAIE·40·VER BVM·DOMINI

womit sie die bestehende Rangordnung in diesem „adligen Kirchensprengel“ betonten.

Ernst und schmucklos ist die Innenausstattung der Pauli-Kirche bis heute geblieben. Darin ähnelt sie der guten Stube reicher Soester Familien: gediegen, ohne einen Hauch von Luxus. Modischer Firlefanz, jeder Ausdruck von Extravaganz – seit jeher verpönt – gilt auch heute noch den alteingesessenen Familien als verdächtig im Sinne von anstößig.

Aus rein praktischen Erwägungen hatte man im 19. Jahrhundert gleich neben dem Westportal das Arsenal der Feuerwehr untergebracht und im Jahr 1880 das „Spritzenhaus“ an die Nordseite der Kirche verlegt. Dabei hat sicher niemand mehr daran gedacht, daß dreihundert Jahre zuvor der erste Funke der Reformation von der Kanzel der Pauli-Kirche auf Soest übergesprungen war und das Feuer der neuen Lehre Martin Luthers die Herzen in „Brand“ gesetzt hatte.

Im Jahr 1530 hatte die Reformation auch Soest erreicht. Verschwörergeist kam in der Stadt auf. Hinter verschlossenen Türen trafen sich die „Eidgesellen“. Hellhörig geworden, diskutierten die Männer der ersten Stunde die neue Lehre, unter ihnen ein späterer Bürgermeister, der berühmt gewordene Maler und Kupferstecher Heinrich Aldegrever, ein Wollenwebermeister und ein Goldschmied. Auf offener Straße sangen aufmüpfige Klosterschüler von Martin Luther verfaßte Lieder, und ein Sohn der Stadt, Vizekaplan Johann Kelberg, begann, von der Kanzel der Pauli-Kirche herab in protestantischem Geist zu predigen.

In der Bruderkirche zu St. Pauli, St. Petri, überzeugte der Dominikanermönch Thomas Borchwede die staunenden Gottesdienstbesucher mit hinreißender Beredsamkeit von der Notwendigkeit der reformatorischen Bewegung. Am Ende stimmten die Gläubigen immer lauter das neue Kirchenlied an: „Nun freut euch lieben Christen g'mein, und laßt uns fröhlich springen . . .“

Aufgeschreckt durch diese neuen Töne, sprangen die Ratsherren von ihren reich geschnitzten Stühlen. Sie verboten die ketzerischen Predigten und verlangten die Ausweisung von Thomas Borchwede aus der Stadt. Aber die bewaffneten Bürger schützten ihn auf Biegen und Brechen. Nach dem Vorbild Martin Luthers konnte er am 20. November 1531 zweiundzwanzig Thesen an das Hauptportal des Patrokli-Doms schlagen. Der Keim der neuen Botschaft war auf fruchtbaren Boden gefallen.

Zuvor hatte die aufgewiegelte und empörte Menge die Häuser von Geistlichen, altgläubigen Ratsherren und Patriziern geplündert, sich nach diesen Ausschreitungen aber sehr schnell wieder auf die Kardinaltugend des Soesters besonnen: Ruhe ist die erste Bürgerpflicht! Ein zwischen dem Rat und den Vertretern der Hofen geschlossener „Bundbrief“ stellte die Ordnung wieder her. Dazu gehörte damals auch die geregelte Ordnung im kirchlichen Leben.

Heinrich Aldegrever reiste als prominenter Vertreter der Stadt Soest ins benachbarte Lippstadt und bat den anerkannten Reformator Gerdt Oemecken, eine Kirchenordnung zu verfassen. Danach sollten die sechs Pfarrkirchen evangelisch werden, die vier Stifts- und Klosterkirchen katholisch bleiben. Diese grundlegende erste „Ordinanz“ hatte weitreichende Folgen. Aufgrund der Weisung, die Stelle eines Superintendenten zu besetzen, wandte sich der Rat der Stadt Soest an den Kurfürsten von Sachsen und bat um die Empfehlung einer geeigneten Person.

Auf persönliche Empfehlung Martin Luthers kam Johann de Brune aus Gent als erster Superintendent nach Soest und hielt seine Predigten von der Kanzel des Patroklimünsters, das die Stiftsherren zuvor verlassen hatten, um draußen in der Welt in allen Tonarten auf ihre Vaterstadt zu schimpfen. Unterstützt wurden sie dabei durch die um Amt und Würden gebrachten Ratsherren.

Am 23. März 1533 steht Soests erster Superintendent Johann de Brune am Sonntagmorgen auf der Kanzel und bricht vor den Augen der bestürzten Gottesdienstbesucher in Tränen aus. Um ihn zu verhöhnen, hatte man ihm ein faules Ei hingelegt, und mit tränenerstickter Stimme beklagte er „den Ungeist der Papisten, aus dem solcher Frevel komme . . .“

Indessen sorgten der beschlossene Bundbrief und Gerdt Oemeckens erste evangelische Kirchenordnung für Ruhe und Ordnung in der Stadt. Sie wurde nur durch eine derbe Wirtshausprügelei gestört, die noch einmal zu tumultartigem Aufruhr führte. Wegen Anzettelung einer öffentlichen Verschwörung sollte ein Exempel statuiert werden. Köpfe sollten rollen, darunter auch der des ersten protestierenden „Eidgesellen“ Johann Schachtrop.

Vor dem Richtblock kniend, stimmt er das Luther-Lied an: „Mit Fried und Freud fahr ich dahin . . .“ Nicht aus Rührung, sondern weil er angetrunken ist, verfehlt der Scharfrichter den tödlichen Streich. Schwer verletzt fällt ihm der Delinquent ins Schwert und wird von der johlenden Menge im Triumph befreit.

Sein qualvolles Ende brachte ihm den posthumen Ruhm, Soests erster Märtyrer zu sein. Ein gewaltiger Leichenzug bewegte sich hinter seinem Sarg, auf dem das Schwert des Henkers lag.

Wenn es auch nicht ausschlaggebend war, so verhalf das unfreiwillige Martyrium des betuchten Wollenwebermeisters der protestantischen Sache doch für längere Zeit zum Sieg. Ortsfremde Bilderstürmer und Wiedertäufer konnten – anders als in der nicht weit entfernten Stadt Münster – in Soest keinen Fußbreit Boden gewinnen; sie wurden kurzerhand mit dem Schwert des nicht immer betrunkenen Scharfrichters vom Leben zum Tod befördert. Dennoch mußte der Superintendent noch einmal unfreiwillig seine Kanzel räumen, obwohl die Soester nur mit schweren Bedenken die überörtlichen Bestrebungen zur Rekatholisierung ihres Territoriums duldeten – „um der Unlust des geringen Mannes willen", wie man damals formulierte.

Mit Unterstützung der zurückgekehrten Stiftsherren, unter ihnen der Dechant zu St. Patrokli und spätere Kardinal Johann Gropper, wurde das Augsburger Interim aus dem Jahr 1548 zögernd angenommen. Noch nie hatten sich die Soester gern durch Außenstehende – und seien sie noch so hochgestellt – in ihre Angelegenheiten hineinreden lassen, schon gar nicht in Sachen des Glaubens.

Während des Augsburger Interims war in der Pauli-Kirche Hartlieb Sennepkamp als Vizekaplan eingesetzt worden. Von Haus aus

Katholik, predigte er dennoch in protestantischem Geist. Aber es dauerte noch bis zum Sonntag nach Michaelis im Jahr 1552, bis ein Mehrheitsbeschluß der Soester Ratsherren offiziell dem Pfarrer Walter von Stolwyck das Recht einräumte, in der seit der ersten Stunde der Soester Reformation evangelischen Pauli-Kirche das lutherische Bekenntnis zu verkünden und das Abendmahl in beiderlei Gestalt auszuteilen.

Als persönliches Bekenntnis hat einer der letzten Pfarrer von St. Pauli ein kleines, unscheinbares, eigenhändig restauriertes Holzkreuz vor kurzem über dem Taufstein angebracht. Leer und verwurmt stehen heute die alten Opferkisten an der Wand, bewacht durch ein Fresko-Bild des – wie könnte es in Soest anders sein – Stadtpatrons Patroklus. Die übrigen Wandmalereien mit verspielten Blumenmustern verschiedener Stilepochen sind gelblich-weiß übertüncht. Nur die sorgsam gestickten Wandteppiche eines frommen Stadtarchivars bringen ein wenig Farbigkeit in den Kirchenraum, der in seiner ungefälligen Eigenart, zutiefst ehrlich und gewissenhaft, vollkommen Soester Gemütsart entspricht.

Unter dramatischen Begleitumständen wurde einst in der Pauli-Kirche ein neues Zeitalter eingeläutet. Heute sitzt man im Schlagschatten des Kirchturms in einer der urgemütlichen Soester Kneipen friedlich beim Dämmerschoppen, und nachts streichen verliebte Kater um das ehrwürdige Gemäuer, in dem der amtierende Soester Superintendent noch immer seine Predigten hält.

Die Soester Wälle

Grüne Mauern im Blütenmeer

Einen langsam gewachsenen mittelalterlichen Stadtkern mit krummen Gassen, kurzen Wegen und schmalen Straßen in eine autogerechte Einkaufsstadt verwandeln zu wollen, ist ein Ding, das nicht geht. Aus diesem Grund haben sich die verantwortlichen Mitglieder im Soester Stadtparlament darauf besonnen, die Innenstadt als eine verkehrsberuhigte Zone auszuweisen, und holpriges beschauliches Kopfsteinpflaster macht sich seitdem wieder breit. Nur der Grandweg, der vor fast tausend Jahren zum ersten Mal als Prachtstraße gepflastert worden war, ist noch wie eine Schnellstraße mit Asphalt bedeckt. In Betonrohre gebettet, rauscht der Soestbach unterirdisch durch die Stadt, verkehrsgünstig begradigt wie manche Straße, die der Fußgänger nur in der Art eines Wildwechsels überqueren kann.

Zum Glück kommt man in Soest leicht von diesen Allerweltswegen ab und findet sich zwischen steingrünen Mauern wieder, die mit wildem Wein berankt und mit Moosflechten bedeckt sind. Aus schmalen, ausgewaschenen Fugen wachsen kleine, heute naturgeschützte Blumen. Im Frühjahr neigen sich blühende Forsythienbüsche, Fliederbäume, Weißdornhecken und weiß-rosa Blütenzweige alter, knorriger Obstbäume dem blank getretenen Kopfsteinpflaster entgegen.

Der Soester schützt sich gern vor fremden Blicken, aber vorbei sind die Zeiten, in denen er seine Stadt ringsumher mit eindrucksvoll hohen Verteidigungswällen umgeben mußte. Heute werden Ortsfremde zu einem Spaziergang über die Wälle ausdrücklich eingeladen und werbewirksam auf die Soester Baumblüte aufmerksam gemacht. Unter rauschenden alten Kastanienbäumen und duftenden Linden hält niemand mehr Wache oder ist mit Armbrust und Hellebarde bewaffnet auf seinem Posten. Friedlich geht man aneinander vorbei: Großeltern mit ihren Enkelkindern, auf dem blitzend neuen ersten Dreirad oder mit wichtiger Miene sorgsam den Puppenwagen schiebend, Liebespaare, Hundebesitzer, passionierte Spaziergänger und laufhungrige Gesundheitsanbeter.

Im Monat Mai zeigt sich Soest von seiner bezwingend schönen grünen Seite. Kirchtürme, Mauern, Fassaden und auch Fachwerkhäuser, aus unverwechselbar grünem Stein gebaut, schieben sich als verwitterte, zeitlose Kulisse zwischen Bäume, Büsche und Sträucher in frühlingsfrischem jungen Grün. Wie ein duftiger Blütenkranz schmiegen sich im Winde leicht bewegte Kronen alter Obstbäume um die meergrünen Wallmauern.

Es gehört zu den schönsten Kindheits- und Jugenderinnerungen betagter Soester, die Nachmittage wieder aufleben zu lassen, an denen man, lange, bevor künstliche Spielflächen mit einfallslosen Klettergerüsten bestückt wurden, die Gräften als phantasievolle, natürliche Abenteuerspielplätze entdeckte. Nicht so gern erinnert man sich freilich an die Spaziergänge, die man, sonntäglich herausgeputzt, mit den Eltern machen mußte. Einige Jahre später schlenderte man dann wieder freiwillig, mit langsamem Schritt und klopfendem

Herzen über die Wälle, an der Hand der ersten großen Liebe des Lebens.

Schon lange haben trotzige Wehrtürme der schützenden Zier alter Bäume Platz gemacht. Angrenzende Gartenmauern sind im Frühjahr mit Blütenblättern bedeckt und bilden zu dieser Zeit einen anmutigen Rahmen um die Soester Gärten. Der Dichter Rainer Maria Rilke hat sie so beschrieben:

„Und dabei ist es kein ganz kleiner Garten: wenn man die Mauern aus verwittertem grünem Stein, von denen schwer der schwarze Efeu niederhängt, fortnehmen könnte, würde er ordentlich groß werden, aufatmen. Aber so sind die Gärten von Soest. So liegen sie, einer neben dem andern, Straßen entlang, jeder in seinen vier Mauern, über welche nur die Wipfel rauschend herüberragen. Und dann ist es einmal Sonntagnachmittag, und man geht so eine leere Gartengasse entlang, umgeben vom Geräusch der eigenen Schritte, so geht man und schaut die Baumkronen an und denkt sich die Gärten dazu, aus denen sie hinaufgewachsen sind. In den meisten Gärten stehen keine Häuser mehr; sie blühen und welken so vor sich hin, und es scheint kein Mensch von ihnen zu wissen. Aber selbst wo noch Häuser sind, ist es schwer zu sagen, wer sie bewohnt. Man hört nur die Stimmen manchmal, wenn man an den Mauern vorübergeht, doch sie scheinen weit herzukommen von einem fernen Orte oder aus einer fernen Zeit . . .“

Jene mit dichterischen Worten beschworene ferne Zeit geht zurück auf die Tage Kaiser Ottos des Großen, als dessen Bruder, Erzbischof Bruno von Köln, in Soest den Grundstein für den Bau des Patrokli-

Münsters legte und um die Keimzelle der Stadt – wie ein erster Jahresring – eine schützende Befestigungsanlage errichtete. Diese erste Stadtburg aus der Ottonenzeit ist schon vor langer Zeit spurlos beseitigt worden, und bis heute streiten sich die Gelehrten darüber, wann und in welcher Weise eine Erweiterung stattgefunden habe.

Als einen zweiten Jahresring kann man die bis heute noch überwiegend vorhandene Stadtumwallung ansehen, die bis vor hundert Jahren den Soester auch vor seinem baulustigen Expansionsdrang schützte und ihn davon abhielt, sich außerhalb der Stadtmauern anzusiedeln. Wer als Soester auf sich hielt – und dazu gehörten allemal die eingeborenen „Paohlbürger“ –, wohnte innerhalb der Wälle.

Soest konnte sich in edlem Wettstreit mit den größten deutschen Städten des Mittelalters messen. Es sonnte sich glücklich und zufrieden in der Gunst der Kölner Erzbischöfe, die in ungebrochener Tradition ihre westfälische Hauptstadt stärkten und schützten. Dreifach gesichert war dieser üppige Stadtgürtel. Der fast kreisförmigen inneren Doppelmauer war – sozusagen als Hindernis im freien Gelände – ein äußerer Wall vorgelagert, von dem heute nur noch angedeutete Rudimente vorhanden sind. Er lebt fort in der Bezeichnung der Binnerwallstraßen, die verwirrend, aber konsequent außerhalb der bestehenden Wälle verlaufen.

Bereits im 16. Jahrhundert ist der äußere Wall niedergerissen und der ihm vorgelagerte Graben aufgefüllt worden. Mit einem Kostenaufwand von 91 Mark, sechs Schillingen und drei Pfennigen, einer vergleichsweise hohen Summe, wurde vom 16. April bis zum 21. August 1586 der Außenwall abgetragen, da er für die damalige

Kriegführung untauglich geworden war und einem Bombardement schwerer Belagerungsgeschütze nicht mehr standgehalten hätte. Da er außerdem das freie Schußfeld für die neuen technischen Errungenschaften der Kriegswissenschaft beeinträchtigt hätte, mußten die Soester unter sachkundiger Aufsicht unentgeltlich den Abbruch durchführen. Die Arbeit wurde als militärische Dienstleistung gewertet.

Mit dem Argument, es handle sich um eine ohnehin sinnlos gewordene Verteidigungsanlage, beantragte die Stadtverwaltung vor gut hundert Jahren an höchster Stelle die Genehmigung für den vollständigen Abriß der Soester Wälle. Dieses Vorhaben scheiterte nicht etwa an der höherwaltenden Einsicht, daß dadurch der Charme des mittelalterlichen Stadtbildes beträchtlich gemindert würde, sondern lediglich – wenn auch glücklicherweise – an den dadurch entstehenden Kosten.

Als wunderschöne zweckentfremdete Militäranlage werden die Soester Wälle heute gepflegt und herausgeputzt und verteidigen so den Ruf der Stadt, das „blühende“ Soest zu sein.

Die Soester Kirchen

Ein westfälisches Abendmahl

Soest war immer die Stadt der Kirchen, Klöster und Kapellen, und noch heute prägen die Kirchtürme die Silhouette der Stadt. Die älteste Kirche ist, wie schon der Name besagt, die „alde Kerke", St. Petri, eine der zwölf westfälischen Urpfarrkirchen, die mit ihren flachen, schmalen Fundamenten auf einer heidnischen Grabanlage ruht. Mehr mit Gottvertrauen als mit gründlicher statischer Berechnung hatte man die kleine Holzkirche errichtet, in der über den einstigen heidnischen Gräbern bald die ersten Christen einträchtig unter einem Dach zur ewigen Ruhe gebettet wurden.

Das romanische Gotteshaus hat in seiner Vorhalle ein eigenwillig geordnetes Gewirr an schmalen Säulen, die mit ihren Blatt- und Blumenornamenten an schlanke Bäume erinnern und den Altarraum vor bösen Luftgeistern und Dämonen schützen. Auf der Kaiserempore ließen sich im mächtigen Thronsessel weltliche Herrscher nieder, dem Herrgott ein wenig näher als der Soester, der demütig im Kirchenraum stand und dabei nicht vergaß, daß er die weltliche und göttliche Obrigkeit über sich hatte.

Diese Demut freilich hatten sich die Soester Bürger, nur wenige Generationen später, gründlich abgewöhnt. Selbstbewußt nahmen die Stadtväter auf der Empore des Westwerkes vom benachbarten Patrokli-Dom den einstmals angestammten Platz des Landesherrn ein. Dort beteten sie fromm, aber auch „von oben herab“ für das Wohl der Stadt und ihr eigenes Seelenheil.

Nach dem Umzug aus der reichlich engen und ungemütlichen ersten Bischofs- und Königspfalz am Petrikirchhof in die neue und prächtige Residenz an der Thomästraße baute man auf der Stelle eine entsprechende Kirche dazu, benannt nach dem englischen Bischof Thomas Becket, der in der Kathedrale von Canterbury einem politischen Meuchelmord zum Opfer gefallen war. Als christlicher Märtyrer des 12. Jahrhunderts muß er später bei der obersten Geistlichkeit in Ungnade gefallen sein. An seiner Stelle durften sich die Thomas-Kirchen fortan auf den „ungläubigen“ Apostel Thomas berufen, den man mit Zirkel und Winkelmaß als Attributen versah, um ihn zum Schutzpatron der Bauleute und Steinmetze ernennen zu können.

In der Alt-St.Thomä-Kirche, der Einfachheit halber die Kirche mit dem schiefen Turm genannt, hält heute die Soester „Reformierte Gemeinde“ ihre Gottesdienste ab, die „Thomägemeinde“ hingegen in der auf Tuchfühlung nahe gebauten neuen Thomaskirche. Wenn es mit rechten Dingen zuginge, müßte sie immer noch nach Johannes dem Täufer St. Johannis-Kirche heißen. Als turmlose, gotische Minoriten-Klosterkirche wurde sie ursprünglich so von Franziskanermönchen aus dem Magdeburger Konvent errichtet. In ihr liegen reichverzierte Grabplatten von zahlreichen Mitgliedern Soester Patrizierfamilien. Eine von ihnen, zu Ehren des Bürgermeisters Johann Klepping angefertigt, trägt die gläubige Inschrift: „Gelobet sei der Herr täglich – Gott legt uns eine Last auf, aber er hilft uns auch . . .“ Dieser Stoßseufzer kommt noch heute über die Lippen der verantwortlichen Kirchenleute, wenn es darum geht, öffentliche Mittel für die Erhaltung und Instandsetzung der Soester Kirchen aufzutreiben. Immerhin sind die Zeiten überstanden, als man Kirchen auf Abbruch an Ort und Stelle meistbietend zum Verkauf anbot oder Kapellen als Lagerschuppen heimischer Handwerkerbetriebe zweckentfremdete. Nichts Böses hatten jene Bürger im Sinn, die das Arsenal der städtischen Hofes-Feuerwehr vorübergehend im Vorraum der Pauli-Kirche unterbrachten.

Mit welch schöner Unbekümmertheit man sich früher auch in den Gotteshäusern bewegte, machen Überlieferungen aus verschiedenen Zeiten immer wieder deutlich. Ein in der Pauli-Kirche aufgehängtes Stifterbild zeigt einen Gottesdienst, bei dem während der Predigt sorglos und ohne schlechtes Gewissen Kinder und Hunde lärmend um die Kirchenbänke laufen.

Trotz des Abbruchs von mehr als zwanzig Kapellen, etlichen Kirchen und Klosteranlagen begegnet man bei einem Rundgang durch Soest auf Schritt und Tritt immer wieder Gotteshäusern, welche Himmelsrichtung man auch einschlägt.

Den lieben Gott zu loben und zu preisen fällt in der heiteren, fröhlich-bunten Kirche St. Maria zur Höhe am leichtesten. Zwar versteckt, liegt dieses liebenswürdige Kleinod Soester Baukunst dennoch mitten in der Stadt. Der in der Barockzeit eingestürzte romanische Turm wurde kurzerhand auf halber Höhe mit einer damals gerade modernen Zwiebelturmspitze abgedeckt. Diese kunterbunt verbaute romanische Hallenkirche, mit ihren fließenden Übergängen

zu spitzgiebliger gotischer Stilentfaltung, bewahrt ein in Deutschland so nicht wieder vorkommendes nordisches Scheibenkreuz. Wegen seiner unübersehbaren Herkunft aus heidnischen Tagen versteckte man es in Zeiten bigotter Frömmigkeit schamhaft unter großen Tüchern. Man nimmt an, daß es sich dabei um ein großzügiges und prächtiges Geschenk der Handelspartner von der Ostsee-Insel Gotland handelt. Als wollte man zwei verschiedene Weltanschauungen aufeinander nageln, um den heidnischen Glauben durch den christlichen zu überwinden, hat man im 12. Jahrhundert ein ungewöhnlich großes germanisches Runenzeichen, eine rund bemalte Scheibe, in der man die Leuchtkraft der Sonne einzufangen versucht hat, mit einem mächtigen christlichen Holzkreuz beschwert. Auf welchem Wege dieses Kreuz nach Soest gekommen ist, weiß niemand mehr zu sagen. Heute hängt es als ungewöhnliches Altarkreuz an der Wand der Kirche, obwohl es seiner ursprünglichen Bedeutung nach als Triumphkreuz in den Chorraum gehört hätte.

So wie es in Soest in irritierender Nähe zwei Thomas-Kirchen gibt, stehen auch – freilich nicht ganz so dicht – die beiden Marienkirchen nahe beieinander. Die eine heißt, entsprechend ihrer geographischen Lage, St. Maria zur Höhe, aus ortsüblich mundfauler Bequemlichkeit allgemein die „Hohnekirche“ genannt; St. Maria zur Wiese wurde konsequenterweise zur heutigen „Wiesenkirche“.

Mit ihr haben sich die Soester in ihrem ärmsten Pfarrbezirk auf sumpfigem Wiesengrund die schönste westfälische gotische Hallenkirche gebaut, die wie der Kölner Dom mit filigranen hohen Türmen gekrönt werden sollte. Aber auch bei diesem kühnen und ehrgeizigen Vorhaben bewahrten die Bauleute ihren Sinn für Bodenständigkeit:

Westfälischer Gotik haftet bei aller Leichtigkeit der Konstruktion in ihrem Raumgefühl etwas Erdenschweres an. Ergreifend schön ist der wunderbar harmonisch proportionierte Kirchenraum, in dem die überschlanken, schnörkellosen Säulen wie schmale, hochgewachsene Bäume mit dem gewölbten Dach verwachsen.

Müde und hungrig steht man am Ende des Rundgangs über Soester Marktplätze und durch abendländisch-christliche Kirchen vor einem nicht gerade auffallend schönen Glasfenster in der Wiesenkirche. Es zeigt treuherzig eine echt westfälische Darstellung des biblischen Abendmahls: Einfältig und bieder sitzen Jesus und seine Jünger zum letzten Mahl am Tisch, der sich unter der Last der schäumenden Bierkrüge, frisch gebackener Pumpernickelbrote und herzhaften Knochenschinkens biegt.

Wem bei diesem Anblick das Wasser im Munde zusammenläuft, braucht nicht weit zu gehen. Rund um den Soester Marktplatz gibt es genügend gemütliche Lokale und urige Kneipen, in denen man sich zu einem vorbildlichen westfälischen Abendessen niederlassen kann. Zu später Stunde erlebt man dabei, daß es heute ein unhaltbar gewordenes Vorurteil ist, Fremde müßten mit einem eingefleischten Soester erst einmal einen Zentner Salz essen, um in Soester Mauern wortkarg, aber herzlich aufgenommen zu werden. In einer gemeinsamen Runde wird ihm vielleicht deutlich, daß die Bodenständigkeit der Soester in der Vorstellung wurzelt, sie seien in der Börde das Salz der Erde.

An Gottes segen ist alles gelegen · ANNO ·
10
Die Traube

Soest

Ich sah den Dom von Wind und Wolken triefen.
Doch als der Mittag kam, zerriß das Grau.
Das Westwerk reckte seinen Quaderbau
gleichsam aus Wassern auf, die sich verliefen.
O Stadt, den dunkelgrünen Meerestiefen
entstiegen zu wunderbarer Schau,
wie hing's um First und Mauer und Verhau
von Algennetzen. Und die Häuser schliefen.
Das Laub lag ausgelaugt wie Schwamm und welk.
Ein Salzhauch witterte um das Gebälk.
Und alles war ein Schweigen und ein Lauschen.
Und in den Höhlungen der toten Welt
verhallte noch, wie sich's in Muscheln hällt,
ein fernes, immer gleiches Wogenrauschen.

Manfred Hausmann

Bilderverzeichnis

Vignetten

Ganzseitige Bilder

Zeittafel

Um 3 000 v. Chr.	Erste Besiedlungsspuren am westlichen Ufer des Kützelbaches
836 n. Chr.	Erste urkundliche Erwähnung der Villa „Sosat“
954 n. Chr.	Gründung des Patrokli-Stiftes
964 n. Chr.	Grundsteinlegung des Patrokli-Domes. Überführung der Reliquien des Märtyrers St. Patroklus von Troyes nach Soest
11. Jhd.	Entstehung von Handelsniederlassungen in Soest mit ausgedehnten Beziehungen nach Ost und West. Eigene Münzprägung
12. Jhd.	Soester Stadtrecht, übernommen von mehreren Städten, u. a. von Lübeck. Soest – eine Großstadt des deutschen Mittelalters
Um 1200	Beitritt Soests zum Hanse-Städtebund. Verbindungen mit Haithabu. Mitbegründung von Wisby (Gotland). Nowgoroder Schra übernimmt Soester Rechtssätze.
Um 1300	Soest – größte Stadt Westfalens mit ca. 13 000 Einwohnern
1417	Erste Erwähnung der Soester Allerheiligenkirmes
23. Juni 1444	Loslösung Soests vom bisherigen Stadtherrn, dem Erzbischof von Köln. Dadurch Beginn der Soester Fehde.
1444–1449	Soester Fehde. Beginn des Niedergangs der Stadt
1531	Gesetzliche Einführung der Reformation in Soest
1608	Letzte Teilnahme Soests an einem Hansetag

1713/1714	Erbauung des neuen Rathauses
1751	Friedrich der Große hebt die fast 500 Jahre bestehende Verfassung der Stadt auf. Soest wird preußische Landstadt.
1817	Bildung des Kreises Soest, besteht bis 1975 in dieser Form
1831	Einführung der revidierten preußischen Städteordnung
1850	Eröffnung der Eisenbahnlinie Soest-Altenbeken. Soest ist damit wichtigster Umschlageplatz für den Verkehr nach Mittel- und Ostdeutschland.
1874/1875	Ausbau der Doppeltürme der Wiesenkirche vollendet
1904	Soest soll unter Denkmalschutz gestellt werden.
1940 bis 1945	Durch insgesamt 31 Bombenangriffe wird Soest zu fast zwei Dritteln zerstört.
1969	Kommunale Neugliederung: Erweiterung der Stadt um 18 Gemeinden in der Soester Börde
1975	Soest erhält den Sitz des neuen Großkreises Soest.
1980	Zum ersten Mal seit 1608 wieder Teilnahme am Hansetag in Zwolle
1995	Hansetag in Soest

Register

Orts- und Sachverzeichnis

Personenverzeichnis

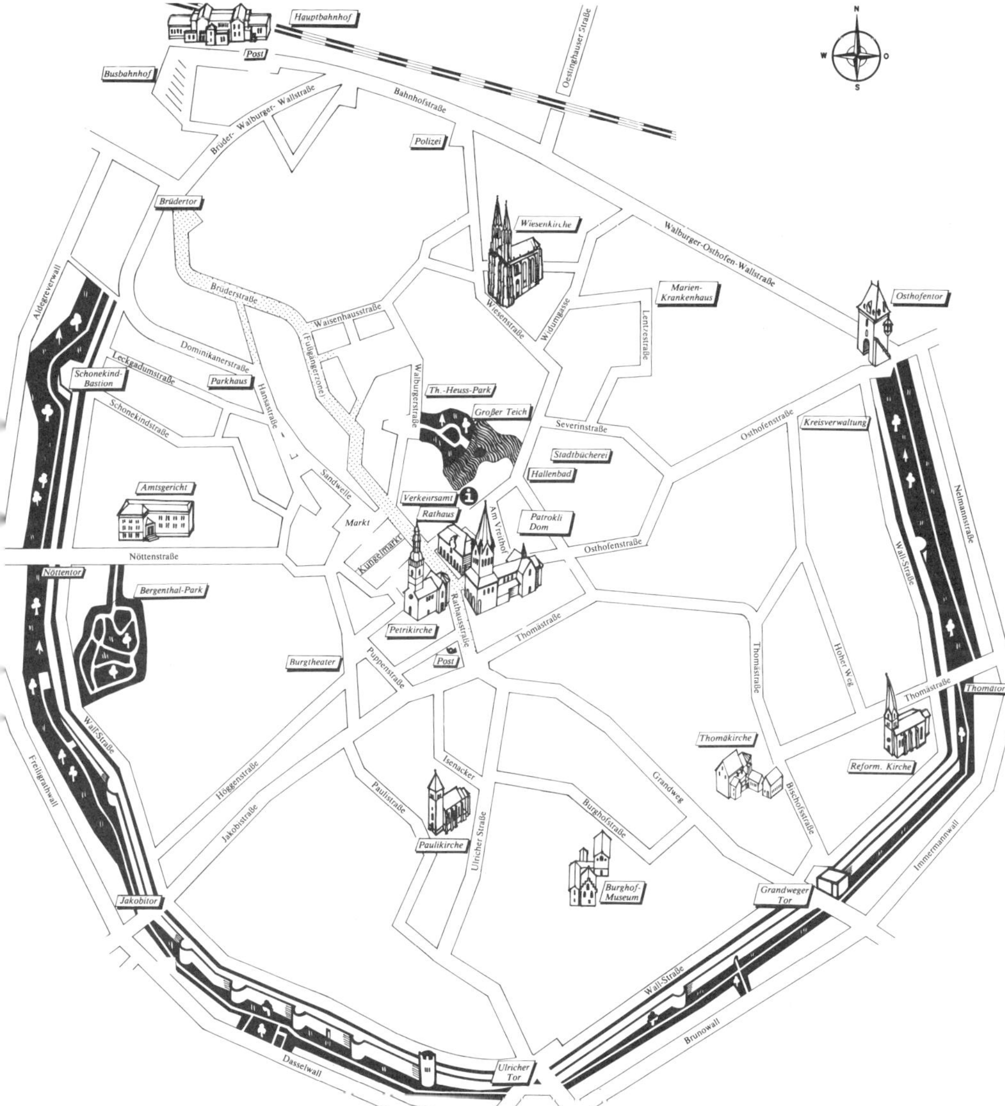

Hauptbahnhof
Post
Busbahnhof
Oestinghauser Straße
N
W
O
S
Bahnhofstraße
Brüder- Walburger- Wallstraße
Polizei
Brüdertor
Wiesenkirche
Walburger-Osthofen-Wallstraße
Osthofentor
Marien-
Krankenhaus
Lentzestraße
Aldegreverwall
Brüderstraße
Waisenhausstraße
(Fußgängerzone)
Wiesenstraße
Widumgasse
Dominikanerstraße
Leckgadumstraße
Schonekind-
Bastion
Parkhaus
Hansastraße
Walburgerstraße
Th.-Heuss-Park
Großer Teich
Schonekindstraße
Severinstraße
Osthofenstraße
Kreisverwaltung
Stadtbücherei
Hallenbad
Sandwelle
Amtsgericht
Verkehrsamt
Rathaus
Am Vreithof
Patrokli
Dom
Markt
Kungelmarkt
Nöttenstraße
Osthofenstraße
Nelmannstraße
Nöttentor
Bergenthal-Park
Wall-Straße
Petrikirche
Rathausstraße
Thomästraße
Burgtheater
Puppenstraße
Post
Thomästraße
Hoher Weg
Thomästraße
Thomätor
Wall-Straße
Thomäkirche
Reform. Kirche
Höggenstraße
Isenacker
Paulistraße
Grandweg
Bischofsstraße
Freiligrathwall
Jakobistraße
Paulikirche
Ulricher Straße
Burghofstraße
Burghof-
Museum
Immermannwall
Grandweger
Tor
Jakobitor
Wall-Straße
Brunowall
Dasselwall
Ulricher
Tor